일본어 명대사 필사집

동양북스

한 줄의 대사가
인생을 바꿀 수 있습니다

일본어를 배우고 싶다는 마음이 든 건, 어느 날 우연히 보게 된 일본 영화 한 편 때문이었습니다. 그저 자막으로 흘러가던 한 줄의 대사가 예상치 못한 울림으로 다가왔고, 그 감정의 결을 '언어 그대로' 이해해 보고 싶다는 마음이 처음 생겼습니다. 그리고 그 작은 마음 하나가 제 삶을 크게 움직였습니다. 2009년부터 2021년까지 일본에서 공부하고 생활하며, 그곳의 언어와 문화에 천천히 물들기 시작했습니다. 좋아하는 콘텐츠가 삶의 방향을 바꾸는 순간을, 저는 실제로 경험한 셈입니다.

10년 가까이 콘텐츠 업계에서 일하며 이 경험은 더 단단해졌습니다. 취미가 일이 되며, 감상하는 작품의 폭도 작품의 수도 나날이 늘어나고 있습니다. 다양한 국가와 언어의 작품들을 접하고 있지만, 저는 여전히 일본 콘텐츠 특유의 감성을 너무나 사랑합니다. 이러한 마음을 나누고 싶어 회사 밖에서 일본 콘텐츠 감상 모임을 운영하며, 좋은 대사가 가진 힘을 함께 느끼고 있습니다. 이 책에는 제가 실제로 본 작품 중 손으로 쓰고, 오래도록 간직하고 싶은 장면 속 명대사들만 담았습니다. 〈라쇼몽〉 같은 고전 영화부터 〈국보〉 같은 최신작, 그리고 드라마와 애니메이션까지 여러 시대와 장르의 작품을 고루 담되, 명대사의 난도와 분량을 고려해 구성했습니다.

이 책을 통해 곁에 오래 두고 싶은 문장을 만나셨으면 합니다. 그리고 그 문장이 마음을 단단하게 붙잡아 주는 작은 힘이 되길 바랍니다. 저처럼 일본 콘텐츠를 좋아하는 분에게는 특별한 필사집이, 일본어 공부를 미루고 있는 분에게는 다시 시작할 수 있는 계기가 되어줄 겁니다. 여러분 모두 언젠가 자막 없이 원작을 온전히 즐기며, 자신만의 명대사 리스트를 쌓아가시길 진심으로 응원합니다.

김미화 드림

콘텐츠 전문가의 특별한 큐레이션

- 책에 수록된 작품 70편은 저자의 인생작에서 세심히 선별한 리스트입니다.

- 고전부터 최신작까지, 영화·드라마·애니메이션 다양한 장르의 작품을 만날 수 있습니다.

TIP 본 적 없는 낯선 작품이라면?

작품 줄거리와 감상 포인트를 담은 작품 소개가 준비되어 있습니다. 서비스 중인 OTT 정보를 참고해 필사 전 혹은 필사 후 작품을 감상하는 것도 추천합니다.

일본어 초고수의 세심한 가이드

- 작품마다 나누고 싶은 명대사를 저자가 직접 고르고 새롭게 번역했습니다.

- 명대사의 난도와 분량을 고려해 쉬운 명대사부터 배치했습니다.

TIP 일본어 실력에 자신 있다면?

꼭 책 순서대로 필사하지 않아도 됩니다. 목차를 훑어보고 좋아하거나 평소 궁금했던 작품을 고른 뒤, 해당 작품의 명대사부터 필사하면 책 한 권 필사도 뚝딱입니다.

필사와 외국어 공부를 한 번에

- 명대사 원문에는 히라가나, 가타카나, 한자 가독성이 좋은 Meiryo UI 서체를 썼습니다.

- 명대사의 뜻을 깊이 이해하고 필사할 수 있도록 주요 단어를 정리했습니다.

- 필사 공간을 넉넉히 마련해 명대사 반복 필사와 통암기가 가능하게 했습니다.

TIP 일본어 문법 기초가 부족하다면?
꼭 필요한 문법만 담은 베스트셀러 『한 권으로 끝내는 일본어 초급 문법노트』를 함께 보면 좋습니다.

일러두기
- 일본어 명대사는 원문 그대로 수록하되 필사에 적합하게 일부 생략했습니다.
- 일본어 명대사의 번역문은 저자가 모두 새롭게 옮겼으며, 의역을 우선했습니다.
- 외래어표기법을 따르되 관용적 표기와 괴리가 큰 경우에 한해 예외를 두었습니다.
- 작품 소개에 실린 개봉 및 방영 연도는 현지를 기준으로 표기했습니다.
- 작품 소개에 실린 OTT 정보는 2026년 1월 기준이며, 추후 바뀔 수 있습니다.

1장 입문 코스

짧고 간단한 문형의 명대사를 읽고 따라 쓰며 일본어 감각을 맛봅니다

2장　초급 코스

**다양한 문형이 등장하는 명대사를 읽고 따라 쓰며
일본어 감각을 키웁니다**

3장 중급 코스

**깊이 있는 이해가 필요한 명대사를 읽고 따라 쓰며
일본어 감각을 흡수합니다**

今度は今度、今は今。

◇ 1장 ◇

입문 코스

짧고 간단한 문형의 명대사를

읽고 따라 쓰며

일본어 감각을 맛봅니다

퍼펙트 데이즈

　도쿄의 공중 화장실 청소부 히라야마의 하루는 단순하고 규칙적이지만, 결코 똑같은 날은 없다. 새벽의 빗자루질 소리, 한 캔의 커피, 카세트에서 흘러나오는 음악, 그리고 나뭇잎 사이로 스며드는 햇살(일본어에는 이를 뜻하는 단어로 こもれび가 있다). 반복되는 듯 보이는 그의 일상은 사실 작은 기쁨과 발견으로 가득 차 있다.

감독: 빔 벤더스
주연: 야쿠쇼 코지
개봉: 2023년
장르: 드라마
OTT: Coupang Play, Netflix, WATCHA, Wavve
© 2023 MASTER MIND Ltd.

그는 많은 것을 소유하지 않으면서도 행복을 누리고, 필요한 것을 소중히 여기며 살아간다. 빔 벤더스 감독은 히라야마의 삶을 통해 현대인들이 잃어버린 '지금'의 가치를 다시 보게 한다. "다음은 다음이고, 지금은 지금"이라는 대사는 현재를 있는 그대로 받아들이고, 그 순간을 온전히 살아내는 자세를 보여준다.

今度は今度、
今は今。

今度（こんど）이다음, 이번 | ~は ~은/는 | 今（いま）지금

다음은 다음이고,

지금은 지금.

평일 오후 3시의 연인

昼顔

평범한 주부였던 사와는 어느 순간 자신이 '살아 있다'는 감각을 잃어가고 있음을 느낀다. 그렇게 지루한 하루를 보내던 어느 날, 우연히 만난 고등학교 교사 기타노에게 마음이 끌리고, 단 한 번 스친 시선에서 벗어나지 못한 채 금지된 감정에 빠져든다.

둘의 관계는 누구도 바라지 않았던 방향으로 깊어지고, 결국 모든 것을 잃을 뻔한 채 이별로 끝난 지 3년 후. 사와는 조용한 해변 마을에서 새로운 삶을 살고 있었고, 기타노 역시 연구자로 돌아가 과거를 묻어둔 채 지내고 있었다.

감독: 니시타니 히로시
주연: 우에토 아야, 사이토 다쿠미
개봉: 2017년
장르: 드라마, 멜로
OTT: Coupang Play
© 2017 フジテレビジョン 東宝 FNS27社

 그러던 사와는 마치 운명처럼 기타노와 다시 마주치게 된다. 불륜이라는 금기를 정면으로 다룬 자극적인 문제작. 사랑의 구조, 인간의 결핍, 용서받지 못하는 마음을 현실적으로 그려내 드라마에 이어 속편인 영화까지도 '사회 현상급'으로 크게 인기를 얻었다.

되돌릴 수 없는 감정에 놓인 한 인간의 가장 솔직한 욕망을 섬세하게 그려냈다. 이 사랑의 끝에는 무엇이 남을까.

神様、
あの人を私にください。

神様（かみさま）신 | あの人（ひと）저 사람 | ~を ~을/를

私（わたし）나 | ~に ~에게 | ください 주세요

신이시여,

저 사람을 제게 주소서.

신문기자 新聞記者

오보 논란 끝에 스스로 목숨을 끊은 아버지를 상처로 안고 살아온 젊은 기자 요시오카. 그녀는 관저 기자 회견장에서 홀로 날이 선 질문을 던지는 '까다로운 기자' 취급을 받는다. 그러던 어느 날, 익명의 팩스로 들어온 제보를 단서로 정부가 극비리에 추진하는 대학 설립 계획을 취재하게 된다. 취재가 진행될수록 계획을 둘러싼 문서의 공백과 석연치 않은 죽음, 그리고 권력의 그림자가 서서히 윤곽을 드러낸다.

한편 내각 정보 조직에서 일하는 엘리트 관료 스기하라는, 국가에 불리한 정보를 통제하는 임무를 수행하며 '국민을 위한다'는 신념과 '조직을

감독: 후지이 미치히토
주연: 심은경, 마쓰자카 도오리
개봉: 2019년
장르: 사회파, 드라마
원작: 모치즈키 이소코 논픽션 『신문기자』
OTT: TVING, WATCHA, Wavve
© 2019 『新聞記者』 フィルムパートナーズ

지킨다'는 현실 사이에서 혼란을 겪는다. 서로 반대편에 서 있어야 할 두 사람은 어느새 같은 질문에 이르게 된다. 이 사건의 배후에 있는 자는 누구인가.

　매일 수많은 매체를 통해 쏟아져 나오는 사건 사고 속에서 우리는 진실을 구별할 수 있을까. 그리고 그 진실을 감당할 준비가 되어 있는가.

誰よりも
自分を信じ
疑え。

誰(だれ) 누구 | ~より ~보다, 더 | ~も ~도

自分(じぶん) 자신, 자기 | 信(しん)じる 믿다

疑(うたが)う 의심하다

누구보다도

자신을 믿고

의심하라.

태양의 노래

XP(색소성 건피증)라는 난치병으로 인해 햇빛을 피해 살아야 하는 소녀 카오루. 그녀의 유일한 삶의 희망은 기타와 노래이다. 밤마다 역 앞에서 버스킹을 통해 자작곡을 선보이며 하루하루를 보내던 중, 방 창문 넘어 남몰래 짝사랑하던 서퍼 소년 코지를 만나게 되는데….

감독 : 고이즈미 노리히로
주연 : YUI, 쓰카모토 다카시
개봉 : 2006년
장르 : 로맨스, 드라마, 음악
OTT : WATCHA
© 「タイヨウのうた」 フィルムパートナーズ

5 　　“태양이 지면, 널 만나러 갈게”라는 대사는 그녀의 상황을 이해하며 희망을 잃지 않도록 용기를 주는 코지의 마음이기도 하다. 낮과 밤처럼 전혀 다른 두 세계에 살던 두 사람은 서서히 서로의 삶의 일부가 되어간다.

　　카오루를 연기한 싱어송 라이터 YUI가 직접 부른 주제가 ‘Good-bye Days’를 비롯한 삽입곡들은 영화의 몰입도를 한층 더 높여준다.

太陽が沈んだら、
会いに行くよ。

太陽(たいよう) 태양 | ~が ~이/가 | 沈(しず)む 지다, 가라앉다

会(あ)う 만나다 | ~に ~하러, ~하기 위해 | 行(い)く 가다

태양이 지면,

널 만나러 갈게.

바닷마을 다이어리

海街diary

아버지의 장례식장에서 처음 만난 세 자매와 배다른 막내 '스즈'. 가족을 버리고 떠난 아버지에 대한 감정은 제각각이지만, 장례식을 마치고 세 자매는 스즈에게 같이 살자고 제안한다. 이후, 네 자매는 바닷마을 가마쿠라의 집에서 함께 생활하며 식탁을 나누고, 계절마다 작은 사건들을 겪으며 서로에게 가족이 되어간다.

감독 : 고레에다 히로카즈
주연 : 아야세 하루카, 나가사와 마사미, 카호, 히로세 스즈
개봉 : 2015년
장르 : 드라마
원작 : 요시다 아키미 만화 『바닷마을 다이어리』
OTT : Coupang Play, WATCHA, Wavve

고레에다 히로카즈 감독은 '삶과 죽음, 만남과 이별이 모두 같은 무게로 존재한다'는 메시지를 담담하게 보여준다. 아버지를 미워하면서도, 그 부재가 남긴 인연인 스즈와 함께함으로써 아버지를 되찾는 이야기이기도 한 다이어리.

가족과 인연이란 무엇인지 다시 생각하게 만드는 영화이다.

さち: すずはここにいていいんだよ。
ずっと。
すず: うん。ここにいたい。ずっと。

ここ 여기, 이곳 | ~に ~에 | いる 있다(사람과 동물 등에 주로 씀)

いい 좋다 | ずっと 쭉, 계속

사치 : 스즈는 여기에 있어도 돼. 언제까지나.

스즈 : 응. 여기에 있고 싶어. 언제까지나.

비밀 _{秘密}

겨울 산길에서 버스가 추락하며 한 가족의 시간이 멈춘다. 아내 나오코는 세상을 떠나고, 딸 모나미는 기적적으로 깨어난다. 하지만 그 순간, 죽은 아내의 영혼이 딸의 몸으로 들어온다. 남편 헤이스케는 세상에 그 비밀을 숨긴 채 '아버지와 딸'로 살아가며 아내와의 두 번째 시간을 이어간다. 그러나 세월이 흐를수록 젊은 육체와 성숙한 영혼 사이의 균열은 깊어지고, 그들의 관계도 변하게 된다. 딸의 결혼식 날, 헤이스케는 깨닫는다. 딸을 떠나보내는 일이 곧, 사랑했던 여자를 두 번째로 떠나보내는 일임을.

"가족의 행복이, 곧 나의 행복"이라는 말이 이

감독: 다키타 요지로
주연: 히로스에 료코, 고바야시 가오루
개봉: 1999년
장르: 드라마, 판타지, 미스터리
원작: 히가시노 게이고 소설 『비밀』
OTT: WATCHA
©1999 TBS

토록 잔인하게 들린 적이 있을까. 〈비밀〉은 사랑의 윤리와 가족의 형태를 근본부터 흔드는 영화이다. 아내의 영혼이 딸의 몸에 깃든다는 초현실적인 설정은, 결국 '사랑이란 무엇인가', '가족이란 어디까지인가'라는 현실의 질문으로 이어진다. 히로스에 료코는 아내이자 소녀로 살아가는 모순된 존재를 맑고 섬세하게 연기했고, 다키타 요지로 감독은 그 이질적인 아름다움을 '눈부신 비극의 형식'으로 완성했다.

사랑의 끝은 이별이 아니라, 다른 형태로 계속되는 이야기임을 알려주는 슬프고도 안타까운 반전의 영화.

家族の幸せが、
自分の幸せ。

自分(じぶん) 자신, 자기

家族(かぞく) 가족 | ~の ~의 | 幸(しあわ)せ 행복

自分(じぶん) 자신, 자기

가족의 행복이,

곧 나의 행복.

시간을 달리는 소녀

자전거 브레이크가 고장 나 열차와 충돌하려던 그 순간, 고등학생 마코토에게 '타임리프'가 열렸다. 처음엔 결석, 시험 같은 사소한 일들을 되돌리는 장난이었다. 하지만 친구 치아키의 고백을 '없던 일'로 만들고, 우연한 선택이 누군가에게 상처가 되면서 장난의 무거움을 점차 느끼게 된다.

그리고 운명의 철길 앞, 타임리프를 여는 마지막 한 번의 점프는 누군가를 살리지만, 다른 누군가를 잃게 만든다. 미래에서 온 소년 치아키의 비밀, '지금, 여기'에서만 함께할 수 있는 시간을 마코토는 비로소 깨닫는다.

"미래에서 기다릴게"는 그저 사랑 고백이 아니

감독: 호소다 마모루
개봉: 2006년
장르: 애니메이션, 청춘, SF, 로맨스
OTT: Coupang Play, Laftel, TVING, Wavve
© 「時をかける少女」製作委員会 2006

라, '지금 이 순간'을 진심으로 살라는 치아키의 메시지이다. 반복과 후회의 시간을 넘어, 마코토는 처음으로 '돌아가지 않고 앞으로 나아가는 용기'를 배운다. 호소다 마모루 감독은 이 작품을 통해 '시간 여행'이라는 SF적 설정을 청춘의 은유로 바꾼다. 바람에 흔들리는 여름의 빛, 달리는 소녀의 실루엣, 그리고 끝내 닿지 못하는 거리. 그 모든 장면이 '지금이라는 찰나의 아름다움'을 품고 있다.

千昭: 未来で待ってる。

真琴: うん。すぐ行く。走って行く。

未来(みらい) 미래 | ~で ~에서 | 待(ま)つ 기다리다

すぐ 금방, 곧 | 行(い)く 가다 | 走(はし)る 달리다

치아키 : 미래에서 기다릴게.

마코토 : 응. 금방 갈게. 달려갈게.

큐어 CURE

가슴에 'X' 자 상흔을 남기는 연쇄 살인이 발생한다. 형사 다카베가 정체불명의 청년 마미야와 맞붙으며, 최면처럼 번지는 폭력의 '전염'과 인간 내면의 어둠을 마주한다.

"당신 이야기가 듣고 싶어"라는 마미야의 대사는 평범한 말처럼 들리지만, 상대의 무의식을 열어젖히는 '암호'로 기능한다. 그는 집요한 되물음과 침묵, 불과 물을 매개로 상대를 흔들고, 결국 타인이 스스로 자신의 폭력성과 욕망을 고백하게 만든다. 그래서 이 한마디는 친절한 관심이 아니라, 내면 깊숙이 파고드는 흉기처럼 작동한다.

형사 다카베가 마미야를 추적할수록 그 안의

감독: 구로사와 기요시
주연: 야쿠쇼 코지, 하기와라 마사토
개봉: 1997년
장르: 범죄, 서스펜스, 공포
OTT: Coupang Play

경계가 무너지고, 가해자와 피해자의 구분마저 흐릿해진다. 인간의 본성에 파고드는 마미야의 질문이, 그 무엇보다 섬뜩하고 공포스러웠던 영화. 봉준호 감독은 〈살인의 추억〉을 준비할 때, 이 영화의 살인범 캐릭터에 많은 영감을 받았다고 밝히기도 했다.

俺の声、聞こえるよね？
俺さ、あなたの話が聞きたい。

俺(おれ) 나(남성이 쓰는 격식 없는 1인칭) | 声(こえ) 목소리

聞(き)こえる 들리다 | ~さ ~ 말이야

あなた 당신 | 話(はなし) 이야기 | 聞(き)く 듣다

내 목소리, 들리지?

난 말이야, 당신 이야기가 듣고 싶어.

내 목소리, 들리지?

난 말이야, 당신 이야기가 듣고 싶어.

새 구두를 사야 해

新しい靴を買わなくちゃ

　파리에서 길을 잃은 사진작가 센과, 그곳에 사는 편집자 아오이. 우연한 도움에서 시작된 인연은, 단 3일의 동행으로 깊어진다. 누군가에게 쉽게 내보이지 못했던 마음, 왜 혼자 파리에 남았는지, 앞으로 무엇을 붙들고 살아갈지를 서로에게만 털어놓으며, 두 사람은 '이별을 전제로 한 사랑'의 온도를 배운다. 한편, 센의 여동생 스즈메와 연인 칸고의 풋풋한 로맨스가 나란히 흐르며 '머무름'과 '출발'의 선택을 비춘다.

　영화의 제목이기도 한 아오이의 대사는 어떠한 결심을 암시한다. 주인공의 변화하는 감정을 감독은 시선·걸음·새벽의 빛으로 전진시킨다. 파리

감독 : 기타가와 에리코
주연 : 무카이 오사무, 나카야마 미호
개봉 : 2012년
장르 : 로맨스, 드라마
©2012 「新しい靴を買わなくちゃ」製作委員会

는 배경을 넘어 '세 번째 인물'처럼 숨 쉬고, OST에 참여한 사카모토 류이치와 코토링고의 선율은, 낯선 도시에서 두 사람이 서로의 벽을 천천히 허물게 하는 리듬을 만든다.

멈춰 있던 마음을 단 한 걸음 앞으로 밀어주는 영화. 영화가 끝난 후, 자연스레 이렇게 중얼거리게 될지 모른다. 새 구두를 사야겠어.

またこれ履いてきちゃった。
新しい靴、買わなくちゃ。

また 또, 다시 | これ 이것 | 履(は)く (신발 등을) 신다

来(く)る 오다 | 新(あたら)しい 새롭다

靴(くつ) 신발 | 買(か)う 사다

또 이걸 신고 와버렸네.

새 구두를 사야 해.

악인 悪人

외딴 어촌에서 살아가는 청년 유이치에게 세상은 언제나 냉담했다. 가난과 고립, 그리고 누구에게도 필요한 존재가 아닌 자신. 채팅 사이트에서 만나게 된 미츠요와의 사랑은 삶에서 처음으로 '누군가에게 닿은 시간'이었지만, 그 시작부터 이미 죄와 고독의 그림자가 드리워져 있었다.

살인을 저지른 남자와 그것을 알고도 함께 도망친 여자. 세상은 그들을 '악인'이라 부르지만, 이상일 감독은 요시다 슈이치의 문장을 따라 '악(悪)'의 모양을 조용히 다시 그린다. 악이란 누군가를 해치는 행위가 아니라, 누군가를 잃어도 아무렇지 않게 살아가는 마음일지도 모른다고.

감독: 이상일
주연: 츠마부키 사토시, 후카쓰 에리
개봉: 2010년
장르: 스릴러, 드라마
원작: 요시다 슈이치 소설 『악인』
©2010「悪人」製作委員会

"소중한 사람도 없는 인간이 너무 많아"라는 대사는 이 시대를 향한 날카로운 일침처럼 들린다. 엇갈린 듯 보여도 이어져 있던 두 사람의 사랑은 순수했기에 더욱 아팠고, 세상은 그들을 죄인이라 불렀지만 마지막까지 사랑을 믿었던 사람들은 그들이었다. 어쩌면 우리 모두가 누군가에게는 '악'이었을 수도 있음을, 그럼에도 우리는 너무 쉽게 타인을 판단하며 살아가고 있음을 이 영화는 일깨워 준다.

今の世の中、
大切な人もおらん人間が多すぎる。

大切(たいせつ)だ 소중하다, 중요하다

今(いま) 지금 | 世(よ)の中(なか) 세상

大切(たいせつ)だ 소중하다, 중요하다

요즘 세상엔,

소중한 사람도 없는 인간이 너무 많아.

人(ひと) 사람 | おらん 없다(いない의 방언)

人間(にんげん) 인간 | 多(おお)い 많다 | ~すぎる 너무 ~하다

언어의 정원

장마철 아침, 비 내리는 공원의 정자에서 우연히 마주친 고등학생 다카오와 어딘가 지쳐 보이는 여성 유키노. 두 사람은 약속하지 않았지만, 비오는 날마다 정자에서 만나며 조금씩 서로에게 스며든다. 이 만남은 구두 장인을 꿈꾸는 소년과 상처로 인해 세상과 거리를 둔 여성이, 빗속에서 서로의 고독을 메워가는 시간이다.

"어차피 인간이란, 누구나 조금씩 어딘가 이상하니까"라는 유키노의 대사는, 인간의 결핍과 불완전함을 인정하게 만드는 고백처럼 다가온다. 장마가 끝나가며 두 사람의 만남도 종착점을 향하고, 불안하게 흔들리던 마음은 결국 새로운 출

감독: 신카이 마코토
개봉: 2013년
장르: 애니메이션, 로맨스
OTT: Coupang Play, Laftel, WATCHA, Wavve
©Makoto Shinkai/CoMix Wave Films

발로 나아간다.

　비 오는 날에만 이어질 수 있었던 특별한 관계는 장마와 함께 끝나지만, 그 안에서 피어난 따뜻한 위로와 고백은 오래도록 여운을 남긴다. 지친 일상에 부드럽고 잔잔한 위로가 필요할 때 추천하고 싶은 작품이다.

どうせ人間なんて、
みんなどっかちょっとずつ
おかしいんだから。

どうせ 어차피 | 人間(にんげん) 인간 | ~なんて 따위

みんな 모두 | どっか(＝どこか) 어딘가 | ちょっと 조금, 약간

~ずつ ~씩(수나 양 뒤에 붙음) | 可笑(おか)しい 이상하다, 우습다

어차피 인간이란,

누구나 조금씩 어딘가

이상하니까.

종이달

신뢰받는 은행원으로, 누구보다 평범하고 안정된 삶을 살던 리카. 그러나 남편의 가부장적이고 존중 없는 태도에 지쳐가던 리카는 공허한 소비로 하루하루를 겨우 버티고 있었다. 연하 대학생과 사랑에 빠진 순간부터 그녀의 삶은 걷잡을 수 없이 무너지기 시작한다. 은행 돈에 손을 대고, 자신도 감당할 수 없는 거짓의 세계에 발을 들이며, 결국 스스로 되돌릴 수 없는 길을 선택하게 된다.

감독 : 요시다 다이하치
주연 : 미야자와 리에
개봉 : 2014년
장르 : 서스펜스, 미스터리, 드라마
원작 : 가쿠타 미쓰요 소설 『종이달』
OTT : Coupang Play, Netflix, TVING, WATCHA, Wavve
© 2014 「紙の月」製作委員会

“가짜니까, 망가져도 좋아”라는 대사는 그녀의 자기 파괴적 욕망과 진실 없는 현실에서 느낀 삶의 허무를 고스란히 드러낸다. 누구나 한순간의 선택으로 무너질 수 있는 인간의 나약함을 보여주는 이야기.

偽物なんだから、壊れたっていい、
壊したっていい、怖くない。

偽物(にせもの) 가짜, 위조품 | ~から ~니까

壊(こわ)れる 망가지다, 깨지다 | いい 좋다

壊(こわ)す 부수다 | 怖(こわ)い 무섭다

가짜니까, 망가져도 좋아.

부숴버려도 좋아. 두렵지 않아.

4월 이야기 四月物語

북쪽의 도시 홋카이도에서 상경한 신입생 우즈키는 도쿄 무사시노 대학에서 새로운 생활을 시작한다. 낯선 자취방, 서툰 인사, 어색한 미소 속에서도 그녀의 마음은 늘 한 사람을 향해 있다. 바로 고등학교 시절 몰래 좋아하던 야마자키 선배. 선배를 다시 만나기 위해 그가 진학한 대학으로 온 것이다.

비가 내리던 어느 날, 용기를 내어 건넨 말. "역시, 우산 빌려도 될까요?" 이 한마디에 부끄러움도, 봄의 설렘도 담겨 있다.

어떤 핑계를 대서라도 누군가에게 다가가고 싶은 마음. 그 미묘한 용기를 이와이 순지 감독은 공

감독 : 이와이 슌지
주연 : 마쓰 다카코
개봉 : 1998년
장르 : 로맨스, 드라마
OTT : WATCHA, Wavve
© 1998 ROCKWELL EYES INC.

기와 빛으로 그려낸다. '봄'이라는 단어만으로도 가슴이 두근거리는 순간들, 〈4월 이야기〉는 그런 감정을 가장 투명하게 포착한 영화이다. 주인공 이름인 우즈키는 '4월'을 뜻하는 일본어 고어로, 영화 제목은 '우즈키 이야기'를 의미한다고도 볼 수 있다. 봄의 공기처럼 가볍고, 첫사랑처럼 풋풋한 설렘을 느끼고 싶은 이들에게 추천하고 싶다.

やっぱり、
傘貸してもらえますか。
これまた返しにきます。

やっぱり 역시 | 傘(かさ) 우산 | 貸(か)す 빌려주다

~てもらう (남에게) 해 받다 | また 다시, 또

返(かえ)す 돌려주다, 되돌리다 | 来(く)る 오다

역시,

우산 빌려도 될까요?

이건 다시 돌려드리러 올게요.

3

나 나 NANA

도쿄로 향하는 열차에서 우연히 옆자리에 앉게 된 두 사람. 가수를 꿈꾸는 밴드 보컬 '나나'와 사랑이 인생의 중심인 '나나'. 같은 이름이라는 가벼운 농담에서 시작된 인연은 동거로 이어진다.

밤마다 이어지는 라이브 클럽의 소음, 새로 꾸려지는 밴드와 다시 마주하는 과거, 인기 밴드 '트랩네스트'와의 미묘한 연결 고리. 한 장의 티켓과 한 번의 무대가 두 사람의 속도를 바꾸기 시작한다. 화려한 조명 아래에서 각자의 욕망이 선명해질수록 우정과 사랑, 꿈과 현실의 경계는 더 아슬아슬해진다.

새로운 시작을 예고하는 선언이기도 한 대사인

감독: 오타니 겐타로
주연: 나카시마 미카, 미야자키 아오이
개봉: 2005년
장르: 청춘, 로맨스, 음악, 드라마
원작: 야자와 아이 만화 『NANA』
OTT: Coupang Play, TVING, WATCHA, Wavve

"잊을 수 없는 밤으로 만들어줄게"와 나카시마 미카가 부른 주제곡인 'Glamorous Sky'가 울려 퍼지는 순간, 영화의 새로운 장(章)을 여는 듯한 전환점을 맞이한다. 두 사람의 우정과 사랑, 그리고 꿈은 어디로 향하게 될까. 그들의 내일이 궁금해지는 영화.

忘れられない夜にしてあげる。

忘(わす)れる 잊다 | 夜(よる) 밤 | ~に ~으로

する 만들다, 하다 | ~てあげる (남에게) 해주다

잊을 수 없는 밤으로 만들어줄게.

잊을 수 없는 밤으로 만들어줄게.

카모메 식당 かもめ食堂

핀란드 헬싱키의 조용한 거리. 사치에는 '일본인의 소울 푸드는 오니기리'라며, 변하지 않는 신념 하나로 '카모메 식당'을 운영한다. 그러나 손님은 단 한 명뿐. 어느 날, '눈 감고 세계 지도 위를 찍었더니 핀란드가 나왔다'는 미도리, 부모의 간병을 마치고 무작정 여행을 떠난 마사코가 차례로 찾아온다.

세 사람은 오니기리와 커피, 갓 구운 시나몬롤의 향으로 낯선 이들과 천천히 이어진다. 버려진 이들, 길 잃은 이들, 떠나온 이들이 머무르며, 카모메 식당은 작지만 당당한 일상의 쉼터가 되어간다. 커피 내리는 소리, 빵 굽는 냄새, 헬싱키의

감독: 오기가미 나오코
주연: 고바야시 사토미, 가타기리 하이리, 모타이 마사코
개봉: 2006년
장르: 코미디, 드라마
원작: 무레 요코 소설 『카모메 식당』
OTT: Coupang Play, Netflix, TVING, WATCHA, Wavve
©かもめ商会

투명한 햇살…. 이 영화는 그런 생활의 온도로 스크린을 채운다.

"사람은 누구나 변해가니까요"라는 명대사처럼, 영화에서 변화는 두려움이 아니라 살아 있음의 증거로 그려진다. 언젠가는 변하는 게 인생이라지만, 카모메 식당에서 커피 한 잔을 마신다면, 담담하게 변화를 받아들일 수 있을 것 같다. 우리 각자의 삶에도, 따뜻한 '카모메 식당'이 하나쯤 있기를.

ずっと同じではいられないもの
ですよね。
人はみんな変わって行くものです
から。

ずっと 쭉, 계속 | 同(おな)じ 같음, 동일 | 人(ひと) 사람

みんな 모두 | 変(か)わる 변하다, 바뀌다

영원히 같을 수는 없죠.

사람은 누구나 변해가니까요.

립반윙클의 신부

リップヴァンウィンクルの花嫁

스물셋의 파견 교사 나나미는 공기처럼 투명한 하루를 살아간다. SNS로 만난 남자와 급히 결혼을 준비하던 그녀는, 하객을 채우기 위해 '무엇이든 해주는 사람' 아무로에게 가짜 친지·친구 대행을 의뢰한다. 작은 거짓은 점점 더 큰 의존을 부르며, 결국 나나미는 대본이 있는 관계로 걸어 들어간다.

영화 제목에 등장하는 '립반윙클'은 워싱턴 어빙의 소설 속 주인공 이름이다. 긴 잠에서 깨어나 완전히 달라져 버린 세상을 마주한 남자 '립 반 윙클'처럼, 나나미 역시 타인의 기대에 맞춘 삶에서 '깨어나 보니' 자신의 자리가 사라진 세계에 서 있

감독: 이와이 슌지
주연: 구로키 하루, 아야노 고, 코코
개봉: 2016년
장르: 드라마, 로맨스
원작: 이와이 슌지 소설 『립반윙클의 신부』
OTT: WATCHA, Wavve
©RVW フィルムパートナーズ

3 다. 그런 나나미 앞에 나타난 마시로는 남이 써준 역할이 아닌 자신의 목소리로 살아보라 권한다.

이와이 슌지 감독은 SNS와 대행 서비스가 '연결'을 대신하는 시대에, 사람을 움직이는 것은 거짓이 아닌 눈물 한 방울의 진심임을 보여준다. 거짓과 연기로 둘러싸인 그녀는 과연 진짜 세상을 만날 수 있을까?

마시로가 세상을 떠나기 전, 나나미에게 건넨 한마디 "이 세상은 행복으로 가득 차 있어"는 거짓과 외로움의 시대에도 우리가 세상을 사랑해야 하는 이유를 알려준다.

この世界はさ、
本当は幸せだらけなんだよ。

この 이 | 世界(せかい) 세상, 세계 | 本当(ほんとう) 사실, 진실

幸(しあわ)せ 행복 | ~だらけ ~투성이

이 세상은 말이야,

사실은 행복으로 가득 차 있어.

다만, 널 사랑하고 있어

ただ、君を愛してる

사람과 거리를 두고 살아온 마코토는 대학교 입학식 날, 신호등 없는 횡단보도에서 시즈루를 만난다. 작고 엉뚱한 그녀는 세상의 규칙보다 마음의 속도로 움직이는 사람이다. 함께 숲속을 거닐며 사진을 찍는 두 사람의 일상은 조용하지만, 그 안에서 시즈루의 마음은 천천히 자라난다.

그녀는 이미 이 사랑의 끝을 알고 있었지만 마코토는 아직 사랑이 무엇인지도 모른 채 셔터를 누르고 있었다. 빛과 그림자가 교차하는 숲속에서 두 사람의 시선은 겹쳐지고, 그곳은 '사랑이 자라는 곳이자 사라지는 곳'이 된다.

병을 안고 살아가면서도 사랑을 통해 성장하는

감독: 신조 다케히코
주연: 다마키 히로시, 미야자키 아오이
개봉: 2006년
장르: 로맨스, 드라마
원작: 이치카와 다쿠지 소설 『연애사진』
OTT: Coupang Play, TVING, WATCHA, Wavve
©2006 「ただ、君を愛してる」製作委員会

시즈루, 그리고 그런 그녀를 통해 진짜 사랑의 의미를 배워가는 마코토. 〈다만, 널 사랑하고 있어〉는 한 번뿐인 사랑이 남긴 여운을 섬세하게 그린 작품이다. 순수함과 슬픔이 맞닿은 그들의 관계는, '사랑이란 결국 누군가를 기억 속에 살아 있게 만드는 일'임을 보여준다.

生涯ただ一度のキス、
ただ一度の恋。
君は、僕の世界の全てだった。

生涯(しょうがい) 생애 | ただ 단 | 一度(いちど) 한 번

キス 키스 | 恋(こい) 사랑 | 君(きみ) 너

생애 단 한 번의 키스,

단 한 번의 사랑.

너는, 내 세계의 전부였어.

僕(ぼく) 나(남성이 쓰는 1인칭) | 世界(せかい) 세계, 세상

全(すべ)て 전부

お母さん、
私はもうあなたを抱きしめられるくらい
強いの。
強くなったの。覚えといて。

2장

초급 코스

다양한 문형이 등장하는 명대사를

읽고 따라 쓰며

일본어 감각을 키웁니다

배틀로얄 バトル・ロワイアル

경제 붕괴와 청소년 범죄 증가로 혼란에 빠진 근 미래의 일본. 정부는 '신세기 교육 개혁법(BR법)'을 시행해, 매년 무작위로 중학교 3학년의 반 하나를 선정해 무인도에서 마지막 한 명이 남을 때까지 싸우게 한다.

수학여행이라 믿고 잠든 사이 섬에 끌려온 3학년 B반 학생 42명은, 전담 교사 기타노의 명령 아래 생존 게임에 던져진다. 동급생끼리 서로를 의심하고, 사랑하던 이가 총구를 겨누는 지옥. 그 속에서 주인공 나나하라는 '살아남는 것'의 의미를 묻는다.

처음 이 영화를 봤을 때의 충격을 아직도 잊지

감독: 후카사쿠 긴지
주연: 기타노 다케시, 후지와라 다쓰야, 마에다 아키
개봉: 2000년
장르: 액션, 스릴러, 서스펜스
원작: 다카미 고슌 소설 『배틀로얄』
OTT: Coupang Play, Netflix, TVING, WATCHA, Wavve
© 2000「バトル・ロワイアル」製作委員会

못한다. 서로 죽여야만 살아남는 서바이벌의 세계, 그 상황에서 오고 가는 슬프면서도 추악한 진심들. "인생은 게임이다." 교사 기타노의 이 대사는 어른들이 만든 시스템의 잔혹한 요약문이다. 폭력은 청소년의 것이 아니라 사회의 것이었고, 그 안에서 아이들은 희생자이자 가해자가 되어간다. 감독은 이 영화를 한 줄로 요약했다. 이건 아이들의 이야기가 아니라 책임을 잃은 어른들의 이야기라고.

人生はゲームです。
みんな必死になって戦って生き残る。

人生(じんせい) 인생 | ゲーム 게임

必死(ひっし)に 필사적으로 | なる 되다

戦(たたか)う 싸우다 | 生(い)き残(のこ)る 살아남다

인생은 게임이다.

모두가 필사적으로 싸워서 살아남아.

1초 앞, 1초 뒤

항상 모든 게 1초 빠른 남자 하지메. 졸업 앨범 사진에서는 늘 눈을 감고, 웃음도 남들보다 먼저 터뜨려 타이밍을 놓친다. 반대로 언제나 1초 느린 여자 레이카. 시작이 늘 늦고, 주변과 어긋난 채 살아간다. 절대로 타이밍이 맞지 않는 두 사람이 '사라져 버린 하루'라는 기묘한 사건으로 얽히게 된다.

하지메가 경찰에게 "어제라는 하루가, 그대로 사라져 버렸어요"라고 말하는 장면은 영화의 발상을 압축적으로 보여주며, 관객에게 호기심과 웃음을 동시에 안긴다. 하루가 통째로 사라져 버린 청년의 일상을 따라가는 이 영화는, '조금 빠르

감독: 야마시타 노부히로
주연: 오카다 마사키, 기요하라 가야
개봉: 2023년
장르: 로맨틱 코미디, 판타지
원작: 대만 영화 〈마이 미씽 발렌타인〉
OTT: Coupang Play, WATCHA, Wavve
© 2023 「1秒先の彼」製作委員会

 거나 조금 늦어도, 모두의 삶은 사랑스럽다'는 메시지를 전한다. 특히 일본에서 한자 이름의 획수 및 의미가 주는 문화적 맥락까지 알고 본다면, 영화 속 두 인물의 '타이밍'과 해프닝들이 더 재미있게 다가온다.

유머러스한 각본과 교토라는 배경이 만들어내는 따스한 분위기가 어우러져 '조금 천천히 살아가도 되지 않을까'라는 생각을 하게 만드는 작품이다.

警官： 昨日、何無くした？

一： 昨日という一日が、

消えてなくなったんです。

昨日(きのう) 어제 ｜ 何(なに) 무엇 ｜ 無(な)くす 잃다

~という ~라고 하는 ｜ 一日(いちにち) 하루, 1일

消(き)える 사라지다, (불 등이) 꺼지다 ｜ なくなる 없어지다

경찰: 어제 뭘 잃어버렸다고?

하지메: 어제라는 하루가,

그대로 사라져 버렸어요.

경찰: 어제 뭘 잃어버렸다고?

하지메: 어제라는 하루가,

그대로 사라져 버렸어요.

라스트 마일 ラストマイル

블랙 프라이데이 전날부터 한 물류 센터에서 출고된 상품들이 일본 전역에서 폭발하는 사건이 발생한다. 갓 부임한 물류 센터장과 팀 매니저는 폭발물이 섞여 있을지도 모르는 상품들의 배송을 멈추는 대신, 물류의 흐름을 유지한 채 연쇄 폭발 사건을 수습하려 애쓴다.

일본의 인기 드라마 〈언내추럴〉 〈MIU404〉와 세계관을 공유하며, 드라마의 인물들과 협력해 범인의 흔적을 쫓지만, 사건은 물류 시스템과 노동 현실, 기업의 책임 회피가 얽힌 거대한 그물처럼 점점 복잡하게 드러난다. 파업과 교섭, 그리고 현장에서 결정적인 판단들이 이어지며, 나흘에 걸

감독 : 쓰카하라 아유코
주연 : 미쓰시마 히카리, 오카다 마사키
개봉 : 2024년
장르 : 서스펜스, 스릴러, 드라마
OTT : Coupang Play, TVING, Wavve
©2024 映画『ラストマイル』製作委員会

친 사태는 겨우 종결의 문턱에 선다.

영화의 긴장은 정체 추적보다 '멈출 수 없는 구조'와 '물류 시스템을 멈춰야만 멈추는 폭발'의 충돌에서 발생한다. 멈추지 않는 레일 위를 달리는 것은 택배 상자에 담긴 물건만이 아니라 우리의 무관심과 침묵이기도 하다. 영웅담을 거부한 채, 영화는 '중지 버튼'을 관객의 손에 맡긴다.

私たちは同じレールの上にいる。
あなたも私も。一人残らず。

私(わたし)たち 우리 ｜ 同(おな)じ 같음, 동일 ｜ レール 레일

上(うえ)위 ｜ いる 있다(사람과 동물 등에 주로 씀) ｜ あなた 당신

一人(ひとり) 한 사람 ｜ 残(のこ)らず 남김없이, 전부

우리는 같은 레일 위에 있어.

당신도, 나도. 한 사람도 예외 없이.

꽃다발 같은 사랑을 했다

花束みたいな恋をした

도쿄의 밤, 막차를 놓친 무기와 키누는 우연한 계기로 만난다. 같은 음악을 듣고, 같은 작가를 좋아하고, 비슷한 것에 웃을 수 있다는 사실은 두 사람을 자연스럽게 하나로 잇는다. 그렇게 시작된 연애와 동거는 기적 같은 순간들로 가득하다. 좋아하는 것들을 함께 나누고 만들어가며 두 사람은 '서로에게 가장 잘 맞는 상대'라는 확신을 키워간다.

하지만 사회에 나와 현실을 맞닥뜨리게 되면서, 사랑뿐이던 세계에 작은 차이와 균열이 생기기 시작한다. 그래도 그들은 자신들만의 속도로, 서로를 이해하고 붙잡기 위해 애쓴다.

감독: 도이 노부히로
주연: 스다 마사키, 아리무라 가스미
개봉: 2021년
장르: 로맨스
OTT: Wavve
© 2021 「花束みたいな恋をした」製作委員会

　　그냥 같이 있는 시간만으로도 충분히 행복했던 연인들. 찬란하게 사랑했던 시간은 분명 존재했다. 20대의 학생에서 사회인이 되어가며 조금씩 달라지는 그들의 연애를 보고 있자니, 영원할 줄 알았던 우리의 모든 것 역시 변한다는 사실에 슬퍼진다. 그럼에도 불구하고, 꽃다발처럼 한때 화려하게 피었다가 지고 마는 사랑일지라도, 그런 사랑을 하고 싶다.

恋愛って生ものだからさ、
賞味期限があるんだよ。

生物(なまもの) 날것, 신선함이 필요해 오래 보관할 수 없는 것

恋愛(れんあい) 연애

~って ~라는 것은(~というのは의 구어체)

生物(なまもの) 날것, 신선함이 필요해 오래 보관할 수 없는 것

연애라는 건 살아 숨 쉬고 있는 거라서,

유통 기한이 있는 거야.

~에서 ~니까 | 賞味期限(しょうみきげん) 유통 기한

있는 있다(무생물에 주로 씀)

해피엔드

유타와 코우, 어릴 적부터 함께 자란 두 친구는 음악과 장난으로 가득한 청춘의 한가운데에 서 있다. 그러나 졸업을 앞둔 어느 밤, 학교에 잠입해 벌인 '사소한 장난'은 예상치 못한 결과로 이어진다. 이 사건을 계기로, '재일 한국인' 코우는 사회의 구조적 차별과 불평등을 마주하고, 유타는 아무런 문제의식 없이 '그저 즐겁게 살고 싶은' 자신을 본다. 그리고 결국 두 사람의 우정에도 금이 가기 시작한다.

이 영화는 가까운 미래의 일본을 배경으로, 감시와 무관심이 일상이 된 사회에서 '우정'이라는 마지막 안전지대가 얼마나 쉽게 흔들릴 수 있는

감독 : 네오 소라
주연 : 구리하라 하야토, 히다카 유키토
개봉 : 2024년
장르 : 드라마, 청춘
OTT : Coupang Play, Disney+, WATCHA, Wavve
© 2024 Music Research Club LLC

지 보여준다. 네오 소라 감독은 단일 민족 신화,
정체성, 차별의 구조를 정면으로 응시하면서도
그 이야기를 거창한 담론이 아닌 '청춘의 균열'로
풀어낸다. 변화하는 세상에서, 변하지 않는 우정
은 존재할 수 있을까.

やっぱ、俺とお前って
なんか根本的に違うんだと思う。

やっぱ 역시(やっぱり의 변형)

俺(おれ) 나(남성이 쓰는 격식 없는 1인칭) | ～と ～와/과

お前(まえ) 너(남성이 주로 씀) | なんか 어딘가, 무언가

역시, 나랑 너는

어딘가 근본적으로 다른 것 같아.

根本的(こんぽんてき)に 근본적으로 | 違(ちが)う 다르다

~と 思(おも)う ~인 것 같다, ~라고 생각하다

그래도 내가 하지 않았어

それでもボクはやってない

면접을 보러 가던 가네코 텟페이의 하루는, 출근길 전철에서 단 한순간의 오해로 완전히 뒤집힌다. "당신이 만졌죠?"라는 말 한마디에 그는 치한으로 몰려 역무실로 끌려가고, 그때부터 상황은 돌이킬 수 없게 된다. 결백을 주장하지만, 경찰서의 공기와 조사실의 시선은 이미 그를 '가해자'로 단정 짓는다.

합의하고 끝내라는 권유가 반복될수록, 그는 싸워야겠다고 결심한다. 그가 마주한 상대는 한 사람의 고소인이 아니라, 진실보다 '절차'를, 정의보다 '관행'을 우선하는 거대한 시스템이었다. 영화는 '진실의 보루'라 믿어온 법정이 얼마나 불

감독: 스오 마사유키
주연: 카세 료
개봉: 2007년
장르: 드라마, 사회파
OTT: Coupang Play, TVING, WATCHA, Wavve
© 2007 フジテレビジョン・アルタミラピクチャーズ・東宝

완전한 공간인지를 보여주며, 무죄를 증명해야 하는 피고인의 절망을 통해 현실의 차가움을 전한다.

"열 명의 진범을 놓치더라도, 한 명의 무고한 자를 처벌해서는 안 된다"는 문장은 법조계의 오래된 금언으로, 형사 재판의 근본인 '무죄 추정'의 원칙이 지켜지고 있는지 돌아보게 한다. 우리 사회는, 한 사람의 무고를 밝혀낼 준비가 되어 있는가.

十人の真犯人を逃すとも、
一人の無辜を罰するなかれ。

十人（じゅうにん）열 명 | 真犯人（しんはんにん）진범

逃（のが）す 놓치다 | ～とも ～더라도 | 一人（いちにん）한 명

열 명의 진범을 놓치더라도,

한 명의 무고한 자를 처벌해서는 안 된다.

無辜(むこ) 무고 | 罰(ばっ)する 처벌하다

~なかれ ~해서는 안 된다, ~하지 마라

앙[あん]: 단팥 인생 이야기

도쿄 조용한 주택가의 작은 도라야키 가게 '도라하루'. 무기력하게 하루하루를 버티며 일하던 점장 센타로 앞에, 손가락이 굽은 노인 도쿠에가 찾아와 일을 하게 해달라고 부탁한다. 망설임 끝에 도쿠에를 받아들인 후, 그녀가 정성껏 끓여낸 팥소 덕분에 가게는 손님들로 붐비기 시작한다.

도쿠에의 정성과 손맛을 통해 센타로는 처음으로 '무언가를 만들어내는 기쁨'을 알게 되고, 단골 소녀 와카나 역시 두 사람을 통해 위로받는다. 그러나 도쿠에가 한센병 요양소 출신이라는 사실이 퍼지며, 세 사람에게 다시 한 번 차가운 현실과 편견이 드리워진다. 그럼에도 도쿠에는 말없이 삶

감독: 가와세 나오미
주연: 키키 키린, 나가세 마사토시, 우치다 카라
개봉: 2015년
장르: 드라마
원작: 두리안 스케가와 소설 『앙』
OTT: Netflix, Wavve
© 2015 映画『あん』製作委員会 / COMME DES CINEMAS / TWENTY TWENTY VISION / ZDF-ARTE

을 바라보는 시선, 존재 그 자체로서 '살아갈 이유'를 남기고 떠난다.

팥을 씻고, 불을 살피고, 바람 소리를 듣고, 계절의 변화를 느끼는 일. '당연한 것'처럼 보이는 이 작은 행위들을, '무언가를 할 수 있다는 감사함'으로 받아들였던 도쿠에.

평범한 일상의 소중함에 무뎌졌을 때 그리고 새로운 마음가짐이 필요할 때 꼭 추천하고 싶은 영화이다.

何かになれなくても、私たちは、
私たちには、生きる意味があるのよ。

何(なに)か 무언가 | ～になる ～이/가 되다 | ～ても ～더라도

私(わたし)たち 우리 | 生(い)きる 살다 | 意味(いみ) 의미

무엇이 되지 못하더라도, 우리는,

우리에게는 살아갈 의미가 있는 거야.

최고의 이혼

最高の離婚

주인공 미츠오와 유카는 사사건건 부딪히다 결국 이혼을 선택한 부부이다. 그런데 아이러니하게도 '이혼한 뒤에도 한집에 사는' 기묘한 동거가 이어진다. 드라마 〈최고의 이혼〉은 두 사람과 또 다른 부부(아카리, 료)를 중심으로 서른 살 전후의 결혼과 이혼, '함께 산다는 것'의 어려움을 유머와 대사로 풀어낸다. 자잘한 싸움, 사소한 말버릇에서 시작된 상처, 생활 리듬이 맞지 않는 일상 속에서, 이 드라마는 '그래도 우리는 왜 같이 살려고 하는가'를 집요하게 묻는다.

"소중한 것이 나중에 뒤늦게 찾아오는 일도 있는 법이야"는 미츠오의 할머니가 유카에게 건네는

각본: 사카모토 유지
주연: 나가야마 에이타, 오노 마치코, 마키 요코, 아야노 고
방영: 2013년
장르: 드라마, 로맨틱 코미디
OTT: TVING, WATCHA, Wavve
© フジテレビ

말이다. 이혼 소식을 들은 할머니는 유카에게 미츠오와의 관계를 한 번만 더 생각해 보라고 조심스럽게 권한다. 통조림 깡통이 발명된 뒤 48년이나 지나서야 따개가 발명됐다는 이야기를 꺼내며, 그저 '늦게 오는 것들도 있다'고만 말해준다. 사랑도, 함께 사는 감각도, 서로를 이해하는 마음도.

드라마 〈최고의 이혼〉이 보여주는 건 '완벽한 부부'의 해답이 아니라, 타이밍이 엇갈리는 사람들에게 아직 늦지 않았을 수도 있다는, 아주 작은 희망일지 모른다.

大事な物が後から
遅れてくることもあるのよ。

~こともある ~하는 경우도 있다

大事(だいじ)だ 소중하다, 중요하다 | 物(もの) 것, 물건

後(あと) 뒤, 나중 | 遅(おく)れる 늦다 | 来(く)る 오다

~こともある ~하는 경우도 있다

소중한 것이 나중에

뒤늦게 찾아오는 일도 있는 법이야.

소중한 것이 나중에

뒤늦게 찾아오는 일도 있는 법이야.

고 G

일본에서 태어난 재일 한국인 3세 스기하라는 '민족, 국적, 차별, 침략' 같은 단어를 접하며 자란다. "국적은 간단히 바꿀 수 있어. 넓은 세계를 봐라. 그리고 스스로 결정해." 아버지의 이 한마디가 그의 인생을 변화시킨다. 좁은 울타리를 벗어나 일본의 일반 고교로 진학한 스기하라는, 아버지에게서 배운 복싱 기술과 주먹보다 빠른 입담으로 세상을 통과한다.

싸움과 농담, 열정과 허세가 뒤섞인 나날을 보내던 중 일본인 소녀 사쿠라이를 만나며, '나는 누구인가'라는 질문이 사랑의 언어로 바뀌기 시작한다. 그러나 자신을 일본인으로 아는 사쿠라이

감독: 유키사다 이사오
주연: 구보즈카 요스케, 시바사키 코우, 야마자키 쓰토무
개봉: 2001년
장르: 청춘, 사회파, 드라마
원작: 가네시로 가즈키 소설 『GO』
OTT: Coupang Play, TVING, WATCHA, Wavve
© 2001 「GO」 製作委員会

를 향한 마음이 커질수록 고민도 깊어진다.

"국경선 같은 건, 내가 지워버릴 거야." 스기하라의 이 대사는 지도 위의 선이 아니라, 사람들 마음속 경계를 겨냥한다. 감독은 재일 한국인의 현실을 정면으로 다루되, 이들을 '피해자'로만 규정하지 않는다. 스기하라는 '재일'이라는 이름을 숙명으로 받아들이는 대신, 자기 삶을 스스로 선택하는 청춘으로 그려진다. 묵묵하고 담담하게, 상처받으면서도 강하게 살아가는 주인공의 모습은 일본 사회 속 재일 한국인의 단면을 비추며, 그를 응원하지 않을 수 없게 만든다.

国境線なんか、
俺が消してやるよ。
俺は在日でも
エイリアンでもねえんだよ。
俺は俺なんだよ。

国境線（こっきょうせん）국경선 | ~なんか ~ 같은 것, 따위

消（け）す 없애다, (불 등을) 끄다

~てやる 해 보이다, (남에게) 해주다

국경선 같은 건,

내가 지워버릴 거야.

나는 재일도 아니고

외계인도 아니야.

나는 그냥 나야.

在日(ざいにち) 재일(일본에 거주하는 외국인, 주로 한국인 지칭)

エイリアン 외계인 | ねえ 아니다(ない의 거친 표현)

리틀 포레스트 ‥사계절

리トル・フォレスト 四季

도시 생활에 지친 이치코가 고향으로 돌아와, 봄·여름·가을·겨울의 순환 속에서 자급자족을 배운다. 비가 많은 여름에는 습기 제거를 위해 켠 스토브에 빵을 굽고, 가을엔 논에서 기른 오리를 직접 잡아 요리하고, 겨울엔 저장 음식으로 버티며, 봄엔 산나물을 따고 모내기를 하며 새로운 시작을 준비한다.

부재한 엄마와의 기억을 음식과 노동으로 더듬는 동안, '말보다 몸이 기억한 것'을 신뢰하는 법을 깨닫는다. 마침내 이치코는 떠날 때와 머무를 때를 스스로 선택할 힘을 얻게 되고, 계절처럼 돌아올 자리를 마음에 만들어둔다.

감독: 모리 준이치
주연: 하시모토 아이, 마쓰오카 마유, 미우라 다카히로
개봉: 2015년
장르: 드라마
원작: 이가라시 다이스케 만화 『리틀 포레스트』
OTT: Coupang Play, Netflix, Wavve
© 「リトル·フォレスト」製作委員会

이 영화의 문법은 서사가 아니라 손의 시간이다. 씻고, 썰고, 삶고, 말리는 행위가 곧 문장이고, 한 계절의 레시피가 한 편의 장(章)이 된다. 배우들은 실제로 농사를 짓고 재료를 손질해 요리했으며, 촬영은 일 년 동안 계절을 따라갔다. 그래서 장면마다 기온·습도·숨소리마저 전해지는 듯 생생하게 다가온다. 이 작품은 슬로 라이프의 로망이 아니라, 살아내는 기술과 돌아갈 용기에 관한 기록이다.

言葉はあてにならないけれど、
私の身体が感じたことなら
信じられる。

言葉(ことば) 말 | 当(あ)てになる 믿을 수 있다

~けれど ~지만 | 身体(からだ) 몸 | 感(かん)じる 느끼다

こと 것, 일 | ~なら ~라면 | 信(しん)じる 믿다

말은 믿을 수 없지만,

내 몸이 느낀 것이라면

믿을 수 있다.

냉정과 열정 사이

冷静と情熱のあいだ

피렌체에서 미술품 복원가로 살아가는 준세이는 여전히 과거의 연인 아오이를 잊지 못한다. 아오이 역시 새로운 삶을 살고 있는 듯 보였지만, 마음속에서는 여전히 준세이의 존재를 지우지 못한 채 흔들리고 있었다.

감독: 나카에 이사무
주연: 다케노우치 유타카, 진혜림
개봉: 2001년
장르: 로맨스, 드라마
원작: 에쿠니 가오리, 츠지 히토나리 소설 『냉정과 열정 사이』
OTT: Coupang Play, Netflix, TVING, WATCHA, Wavve

© 2001 フジテレビ・角川書店・東宝

23 　　　10년 전 서로에게 깊은 상처를 남기고 헤어진 두 사람이 세월을 뛰어넘어 마침내 다시 마주한 순간, 사랑이란 결국 현재를 함께 살아내려는 용기임을 깨닫는다. 피렌체와 밀라노의 아름다운 풍경을 배경으로, 이 영화는 우리에게 속삭인다. 운명처럼 다시 이어지는 영원한 사랑이, 어쩌면 내게도 있을지 모른다고.

僕には忘れられない人がいた。
あおいという一人の女性を
僕はいつまでも
忘れることができずにいた。

僕(ぼく) 나(남성이 쓰는 1인칭) | 忘(わす)れる 잊다

~という ~라고 하는 | 女性(じょせい) 여성

いつまでも 영원히, 언제까지나

내게는 잊을 수 없는 사람이 있었다.

아오이라는 한 여성을

나는 영원히

잊을 수가 없었다.

지금, 만나러 갑니다

일 년 전 아내 미오를 떠나보낸 타쿠미와 아들 유우지 앞에 장마가 시작된 어느 날, 기억을 잃은 미오가 다시 나타난다. 세 사람은 조심스레 함께 시간을 보내지만, 비가 그치면 이 기적이 끝날지도 모른다는 사실을 알고 있다.

매일 나누는 아침 인사, 식탁의 온기처럼 사소한 일상이 얼마나 절실하고 소중한지를 깨달으며, 최선을 다해 사랑하는 그들의 시간을 담담하게 보여주는 영화이다.

감독 : 도이 노부히로
주연 : 다케우치 유코, 나카무라 시도, 다케이 아카시
개봉 : 2004년
장르 : 드라마, 로맨스, 판타지
원작 : 이치카와 다쿠지 소설 『지금, 만나러 갑니다』
OTT : Coupang Play, TVING, WATCHA, Wavve
©2004 「いま、会いにゆきます」 製作委員会

기억을 되찾은 미오가 비록 짧은 시간일지라도 남편, 아들과 함께하는 삶을 선택하겠다고 결심하듯 말하는 대사가 특히나 오래도록 기억에 남는다.

たとえ短くても、
愛するあなたたちと
一緒にいる未来を
私は選びたい。

たとえ 비록, 설령 | 短(みじか)い 짧다 | 愛(あい)する 사랑하다

あなたたち 당신들 | 一緒(いっしょ)に 함께

未来(みらい) 미래 | 選(えら)ぶ 선택하다 | ~たい ~하고 싶다

비록 짧더라도,

사랑하는 당신들과

함께하는 미래를

나는 선택하고 싶어요.

조제, 호랑이 그리고 물고기들

ジョゼと虎と魚たち

대학생 츠네오는 어느 날 우연히 유모차 속에 숨어 있던 소녀, 조제와 마주친다. 다리를 쓰지 못해 세상과 단절된 듯 살아가던 그녀는, 츠네오라는 이방인의 등장으로 조금씩 마음을 연다.

높은 자존심 뒤에 외로움과 결핍을 숨긴 조제와, 책임과 불안 사이에서 흔들리는 청춘 츠네오는 서로에게 끌리며 특별한 시간을 쌓아간다.

감독 : 이누도 잇신
주연 : 츠마부키 사토시, 이케와키 지즈루
개봉 : 2003년
장르 : 로맨스, 드라마
원작 : 다나베 세이코 소설 『조제와 호랑이와 물고기들』
OTT : Coupang Play, TVING, WATCHA, Wavve
©2003 「ジョゼと虎と魚たち」 フィルムパートナーズ

"내가 도망쳤다"라는 대사는, 조제를 만나고 분명 성장했지만 끝내 그녀 곁에 남지 못한 츠네오의 고백 같은 독백이다. 그녀를 사랑했기에 힘들어한 그의 마지막 독백이 유독 마음 아프다.

別れの理由は、
まぁ色々ってことになっている。
でも本当はひとつだ。
僕が逃げた。

別(わか)れ 이별 | 理由(りゆう) 이유

色々(いろいろ) 여러 가지 | 本当(ほんとう) 사실, 진실

一(ひと)つ 하나 | 逃(に)げる 도망치다

헤어진 이유는

뭐 여러 가지라고 했지만,

사실은 하나다.

내가 도망쳤다.

고등학생 리오는 기억 장애가 있는 이복동생 유를 위해 신약 개발 연구자를 꿈꾸고, 곁에는 서로 호감을 품은 선배 다이키가 있다. 그러나 한 청년의 실종과, 리오의 기억이 끊겨버린 '그날 밤'을 기점으로 그녀의 삶은 크게 흔들린다. 아버지의 갑작스러운 죽음, 도쿄로의 이사, 마음에 묻어둔 진실까지. 그 계절은 리오의 인생에서 지워지지 않는 그림자가 된다.

15년 후, 리오는 신약 벤처사의 젊은 CEO가 되어 있다. 하지만 과거의 실종 사건과 연결된 듯한 살인이 일어나고, 사건을 맡은 형사는 다름 아닌 첫사랑 다이키이다. 진실을 좇는 형사 다이키, 어

각본: 오쿠데라 사토코, 시미즈 유카코
주연: 요시타카 유리코, 마쓰시타 고헤이, 이우라 아라타
방영: 2021년
장르: 서스펜스, 미스터리, 드라마
OTT: Netflix
©TBSスパークル/TBS

135 떤 수단으로든 리오를 지키려는 변호사 카세, 그리고 기억 저편의 비밀을 품은 리오.

매 회차 닿을 듯 닿지 않는 리오와 다이키의 감정선은 묵직한 서스펜스 속에서도 잔잔하게 울린다. 가장 사랑하는 사람을 지키기 위해, 우리는 무엇까지 할 수 있을까?

気づいた時にはもう、
この世でたった一人の
特別な人になっている。

気(き)づく 깨닫다 | 時(とき) 때 | もう 이미, 이제

この世(よ) 이 세상 | たった 단 | 特別(とくべつ)だ 특별하다

人(ひと) 사람

깨달았을 때는 이미,

이 세상에서 단 하나뿐인

특별한 사람이 되어 있다.

너의 췌장을 먹고 싶어

우연히 주운 비밀 일기장을 통해 같은 반 친구 사쿠라가 췌장병으로 여명이 짧다는 사실을 알게 된 '나'. 비밀을 공유한 단 한 사람이 된 그가 사쿠라의 '죽기 전에 하고 싶은 일들'을 함께하면서, 전혀 달랐던 두 사람은 서서히 서로에게 물들어 가기 시작한다.

감독 : 쓰키카와 쇼
주연 : 하마베 미나미, 기타무라 다쿠미
개봉 : 2017년
장르 : 드라마, 로맨스
원작 : 스미노 요루 소설 『너의 췌장을 먹고 싶어』
OTT : Coupang Play, WATCHA, Wavve
©2017「君の膵臓をたべたい」製作委員会 ©住野よる/双葉社

"열심히 찾아서 스스로 발견했을 때 더 기쁘잖아?"라는 사쿠라의 대사는, 단순한 장난처럼 들리지만 사실은 그녀가 '나'에게 남긴 삶의 태도로도 보인다. 짧지만 강렬했던 시간에 서로가 서로를 찾아주었다는 의미가 내포되어 있지 않을까.

頑張って探して見つけた方がうれ
しいでしょ？ 宝探しみたいで。

頑張(がんば)る 노력하다, 분발하다 | 探(さが)す 찾다

見(み)つける 발견하다, 찾다 | 方(ほう) 쪽, 편

열심히 찾아서 스스로 발견했을 때 더 기쁘잖아?

보물찾기 같아서.

嬉(うれ)しい 기쁘다 | 宝探(たからさが)し 보물찾기

~みたい ~같다

오렌지 데이즈

オレンジデイズ

어디에나 있을 법한 대학교 졸업반 학생들의 마지막 한 해. 졸업을 앞둔 청춘들은 각자의 불안과 꿈, 그리고 아직 이름 붙이지 못한 감정들을 안고 살아간다. 심리학도 카이는, 청력을 잃은 편입생 사에를 캠퍼스에서 우연히 만난다. 그들은 '오렌지 모임'으로 불리는 친구들, 쇼헤이, 아카네, 케이타와 함께 서로의 상처와 진로, 사랑과 우정을 나누며 성장한다.

다섯 사람의 계절은 바람 앞에 선 촛불처럼 흔들리지만 결국 서로를 비추는 등불이 된다. 지나간 계절의 햇살처럼 따뜻하고, 떠나가는 청춘의 끝자락처럼 아픈 이야기.

각본: 기타가와 에리코
주연: 츠마부키 사토시, 시바사키 코우, 나리미야 히로키,
　　　시라이시 미호, 나가야마 에이타
방영: 2004년
장르: 드라마, 청춘, 로맨스
OTT: Netflix
©TBS

우리는 살아가며 수많은 어려움에 부딪히지만, 그 어둠 속에서도 내 곁에 있는 '단 한 사람'을 찾을 수 있다면, 그것만으로도 위로가 되고, 의미 있는 삶을 살아갈 수 있지 않을까. 들리지 않는 사에가 눈을 감고서도 카이를 알아볼 수 있다고 고백하는 장면은 그녀의 삶에 카이가 어떤 위로이자 의미인지를 잘 보여준다.

私、目を閉じると
本当に真っ暗闇に行くの。
でも、あなたがわかる。

目(め) 눈 | 閉(と)じる 눈을 감다, 닫다 | 本当(ほんとう)に 정말

真(ま)っ暗闇(くらやみ) 칠흑 같은 어둠

行(い)く 가다 | わかる 알다

나, 눈을 감으면

정말로 깜깜한 어둠 속으로 가.

그래도, 너는 알아볼 수 있어.

괴물 ^{怪物}

커다란 호수가 있는 교외의 마을. 싱글맘 사오리는 어느 날부터인가 초등학생 아들 '미나토'가 이상하리만치 날카로워지고, 상처 입은 듯한 기색을 보인다는 걸 느낀다. 원인을 찾기 위해 학교로 향하지만, 담임 교사와 학교가 내놓는 설명은 자꾸만 어긋난다.

아이들 사이의 '흔한 다툼'처럼 보였던 사건은 점점 지역 사회와 미디어의 관심을 받으며 마을 전체를 흔드는 문제로 번져간다. 영화는 누구의 말이 진실인지, 누구의 시선이 왜곡되어 있는지, 엄마·교사·아이들의 서로 다른 세 개의 시선을 교차시켜 보여준다.

감독: 고레에다 히로카즈
주연: 안도 사쿠라, 나가야마 에이타, 구로카와 소야, 히이라기 히나타
개봉: 2023년
장르: 미스터리, 드라마
OTT: Coupang Play, WATCHA, Wavve
© 2023 映画「怪物」製作委員会

47   누군가의 '단면'만 보고서는 진실에 도달할 수
없다. 누구나 오해할 수 있고, 누구나 자신의 기억
을 '정답'이라 믿기 때문이다. 결국 진실은 늘 주
관적일 수밖에 없고, 그 틈에서 누군가는 너무 쉽
게 '괴물'이 된다. 교장 선생님이 내리는 '행복'의
정의도 마찬가지다. 행복을 무언가를 소유했느냐
의 경쟁으로 바꿔버리는 순간, 누군가의 삶은 '정
답'에서 배제된다. 각자의 진실이 주관적이듯이,
각자의 행복 또한 저마다의 속도와 형태로 정의
될 수 있음을 생각하게 만드는 영화.

誰かにしか手に入らないものは
幸せっていわない。
誰でも手に入るものを
幸せっていうの。

誰（だれ）か 누군가 | ～しか ~만, ~밖에

手（て）に入（はい）る 손에 들어오다, 얻다

幸（しあわ）せ 행복 | 誰（だれ）でも 누구나, 누구라도

누군가만 가질 수 있는 건

행복이라고 하지 않아.

누구나 가질 수 있는 걸

행복이라고 하는 거야.

초속 5센티미터

秒速5センチメートル

어린 시절 특별한 마음을 나눴지만, 아카리의 전학으로 멀어지게 된 타카키. 눈보라를 헤치며 그녀를 만나러 달려가던 소년의 마음은, 세월이 흘러 고등학생이 되고 어른이 된 뒤에도 사라지지 않는다.

감독: 신카이 마코토
개봉: 2007년
장르: 애니메이션, 로맨스, 드라마
OTT: Coupang Play, Laftel, WATCHA, Wavve
©Makoto Shinkai/CoMix Wave Films

순수했던 그 시절에 대한 아쉬움과 닿지 못하는 그리움이 아름다운 영상을 통해 더욱 아련하게 다가오는 작품. 초속 5센티미터로 흩날리며 떨어지는 벚꽃은, 아름답지만 붙잡을 수 없는 한순간을 상징하기도 한다. 거리를 두고 흐른 시간 속에서의 사랑이 벚꽃잎처럼 아름답고 쓸쓸해 보이지 않는가.

いつかまた一緒に
桜を見ることができると、
私も彼も何の迷いもなく
そう思っていた。

いつか 언젠가 | また 다시, 또 | 一緒(いっしょ)に 함께

桜(さくら) 벚꽃 | 見(み)る 보다 | ~ができる ~할 수 있다

迷(まよ)い 의심, 망설임 | 思(おも)う 생각하다, 믿다

언젠가 다시 함께

벚꽃을 볼 수 있을 거라고,

나도 그도 아무런 의심 없이

그렇게 믿고 있었다.

백설공주 살인사건

白ゆき姫殺人事件

 ‘시라유키(백설)’ 비누로 유명한 화장품 회사에서 근무하던 미모의 직원 노리코가 숲에서 잔혹하게 살해된다. 사건 직후, 살해 의혹은 그녀와 대조적으로 평범하고 조용한 동료 직원 미키에게 쏠린다.

 사건 사고를 추적하는 프로그램의 PD인 유지는 미키의 주변을 취재하며 동료, 동창, 가족들의 증언을 모아가지만, 각자의 입에서 나온 ‘기억’과 ‘소문’은 서로 엇갈리고 왜곡되어 있다. SNS에 흘러 나간 한 줄의 글은 걷잡을 수 없이 확산되고, 사건은 진실보다 ‘누가 그렇게 믿고 싶은가’에 따라 새로운 이야기로 변질된다.

감독: 나카무라 요시히로
주연: 이노우에 마오, 아야노 고
개봉: 2014년
장르: 미스터리, 서스펜스
원작: 미나토 가나에 소설 『백설 공주 살인 사건』

155   나조차도 보고 싶은 것만 보고 있는 게 아닌지 돌아보게 해주는 영화로, 가짜 뉴스와 마녀사냥이 일상화된 현시점에 모두가 한 번쯤 생각해 봐야 할 문제를 적나라하게 드러낸다.

人の記憶ってのは捏造される。
人は自分の都合のいいようにしか
記憶を語らねえ。

記憶（きおく）기억 | 捏造（ねつぞう）する 조작하다

自分（じぶん）자기, 자신 | 都合（つごう）사정, 형편

~しか ~만, ~밖에 | 語（かた）る 말하다

사람의 기억은 조작돼.

인간은 언제나 자기 편한 대로만

기억을 말하지.

세상의 중심에서 사랑을 외치다

世界の中心で、愛をさけぶ

고등학생 사쿠타로와 아키는 서로에게 끌리며 풋풋한 사랑을 키워간다. 그러나 아키가 백혈병에 걸리면서 두 사람은 더없이 소중하지만 잔인한 시간을 맞이한다. 시간이 흘러 어른이 된 사쿠타로는 약혼녀 리츠코와의 관계 속에서 과거를 마주하게 되고, 아키와의 시간이 되살아난다.

감독: 유키사다 이사오
주연: 오사와 다카오, 나가사와 마사미, 시바사키 코우
개봉: 2004년
장르: 로맨스, 드라마
원작: 가타야마 교이치 소설 『세상의 중심에서 사랑을 외치다』
OTT: Coupang Play, TVING, WATCHA, Wavve
©2004「世界の中心で、愛をさけぶ」製作委員会

　　17년 만에 사쿠타로는 아키가 첫사랑인 자신에게 전하고 싶었던 마지막 말이 담긴 카세트테이프를 듣게 된다. 이때 사쿠타로를 비추는 장면과 함께 나오는 OST는 애절함을 더한다. 영원할 수 없었던 그들의 사랑의 순간이 담긴 이 영화는, 일본에서 지금까지도 세대를 넘어 사랑받고 있는 명작이다.

あなたと過ごした
永遠の何分の一かの時間が、
私の生涯の宝物です。

過(す)ごす 보내다, 지내다 | 永遠(えいえん) 영원

何分(なんぶん)の一(いち) 몇 분의 일 | 時間(じかん) 시간

生涯(しょうがい) 생애 | 宝物(たからもの) 보물

당신과 함께 보냈던

영원의 몇 분의 일에 불과한 시간이,

내 인생의 보물입니다.

스트로베리 나이트

주인공 히메카와 레이코는 이례적인 속도로 승진해, 남성 중심의 경찰 조직에서 '히메카와 팀'을 이끄는 젊은 형사이다. 누구보다 먼저 현장으로 달려가고, 범인의 심리를 따라가다 스스로 무너질 만큼 사건 깊숙이 들어가는 인물. 그러나 그 강단의 바닥에는 10대 시절 당한 성폭행 트라우마가 오래도록 남아 있다.

약한 모습을 보이면 무너질 것 같아서, 누구에게도 기대지 못하고 혼자 '강한 척' 살아온 레이코가, 처음으로 엄마에게 진심을 내보이며 "이제는 당신을 껴안을 만큼 강해"라고 말한다.

잔혹한 사건들을 추적하며 풀어가는 수사극인

각본 : 하야시 마코토, 구로이와 쓰토무, 오키 시즈카
주연 : 다케우치 유코
방영 : 2012년
장르 : 형사물, 미스터리, 드라마
원작 : 혼다 데쓰야 소설 『스트로베리 나이트』
OTT : TVING, WATCHA, Wavve
©Tetsuya Honda,Kobunsha / フジテレビ / 共同テレビ

동시에, 그 이면에는 상처 입은 사람이 어떻게 버티고, 살아남고, 또 조금씩 앞으로 걸어가는지에 대한 이야기가 묵직하게 흐르는 작품이다.

お母さん、
私はもうあなたを
抱きしめられるくらい強いの。
強くなったの。覚えといて。

お母(かあ)さん 어머니 | もう 이제, 이미

抱(だ)きしめる 꽉 껴안다 | ~くらい ~만큼, ~정도

強(つよ)い 강하다, 세다 | 覚(おぼ)える 기억하다, 느끼다

엄마,

나 이제는 당신을

껴안을 만큼 강해.

강해졌어. 기억해 둬.

사랑이 뭘까

愛がなんだ

20대 후반의 직장인 테루코는 우연히 만난 마모루에게 빠진 뒤, 삶의 중심이 완전히 그에게로 기울어진다. 연락이 오면 새벽이라도 달려가고, 부탁하지도 않은 집안일을 하며 '그의 옆'이 되는 일을 사랑이라고 믿는다. 하지만 마모루는 테루코를 연인으로 받아들이지 않은 채, 편할 때만 기대고 불편해지면 거리를 둔다.

한편, 테루코의 친구 요코와 요코를 바라보는 나카하라, 그리고 마모루가 마음을 두고 있는 스미레까지. 마음의 온도가 서로 다른 사람들이 '좋아한다'는 말 하나를 두고 엇갈리며, 관계의 이름이 붙지 않은 채로 사랑과 의존, 호의와 착각의 경

감독: 이마이즈미 리키야
주연: 키시이 유키노, 나리타 료
개봉: 2019년
장르: 드라마, 로맨스
원작: 가쿠타 미쓰요 소설 『사랑이 뭘까』
OTT: WATCHA, Wavve
© 2019 映画「愛がなんだ」製作委員会

계가 흐려져 간다.

특히 주인공인 테루코의 대사들은 그녀의 마음을 극단적이고 솔직하게 드러낸다. 사랑하는 사람과 함께 있고 싶은 마음을 넘어, 그 사람의 일부가 되고 싶은 마음. 본인의 존재를 지워버릴 만큼 상대에게 동화되고 싶은 감정까지도. 당신은 사랑이라는 이름으로, 자신을 어디까지 내어줄 수 있는가.

私はマモちゃんになりたいって思
う。できることならマモちゃんに
なりたい。それが無理なら、マモ
ちゃんのお母さんでもお姉ちゃん
でもいい。なんならいとこでもい
いや。

~になる ~이/가 되다 | できることなら 가능하다면

それ 그것 | 無理(むり) 무리 | ~なら ~라면

나는 마모루가 되고 싶어. 가능하다면, 마모루
그 자체가 되고 싶어. 그게 안 된다면, 마모루의
엄마나 누나라도 좋아. 그것도 안 되면 사촌이
라도 괜찮아.

お姉(ねえ)ちゃん 누나, 언니

なんなら 그게 아니면, 괜찮다면 | いとこ 사촌

국보 国宝

야쿠자 두목을 아버지로 둔 키쿠오는 조직의 신년회 자리에서 습격으로 아버지를 잃고, 우연처럼 가부키 명문인 '하나이' 가문에 입양된다. 그곳에서 태생부터 '정통'인 도련님 슌스케와 운명적으로 만난다. 한쪽은 '피'를, 다른 한쪽은 '재능'을 결핍으로 안고, 서로의 결핍을 갈망하며 무대 위에서 자라난다.

니닌도조지(二人道成寺, 도조지의 두 사람)·소네자키 신주(曾根崎心中, 소네자키 동반자살) 같은 가부키의 대표적 작품을 거듭 올리는 세월 속에, 두 사람의 관계는 존경·질투·애증으로 겹겹이 변주되고, 스승들의 말과 유파의 규율, 시대의 격랑이

감독: 이상일
주연: 요시자와 료, 요코하마 류세이
개봉: 2025년
장르: 예술, 시대극, 드라마
원작: 요시다 슈이치 소설 『국보』

71 그들의 선택을 흔든다. 그리고 마침내 '국보'라 불
릴 단 한 사람의 배우가 탄생하는 순간, 영화는 그
영광 뒤에 숨은 희생과 고통을 조금도 외면하지
않는다.

이 영화는 압도적이다. 스크린에 완전히 빨려
들어가는 듯한 감각은 오랜만이었다. 가부키를
알지 못해도, 예술을 향한 인간의 집념과 부서짐,
그리고 다시 일어서는 몸의 떨림이 고스란히 전
해진다. 화려함과 비극, 재능과 고독이 뒤엉키며
만들어낸 찬란한 예술. 그 부서지는 빛을 감각적
으로 담아낸, 너무나 아름다운 작품.

今、一番欲しいの、
俊ぼんの血やわ。
俊ぼんの血ぃコップに入れて
ガブガブ飲みたいわ。

今(いま) 지금 | 一番(いちばん) 제일, 가장

欲(ほ)しい 원하다, 탐나다 | 血(ち) 피 | コップ 컵

入(い)れる 넣다 | ガブガブ 벌컥벌컥 | 飲(の)む 마시다

지금 제일 원하는 건,

슌스케의 피야.

그 피를 컵에 따라

벌컥벌컥 마시고 싶어.

이니시에이션 러브

イニシエーション・ラブ

1980년대 후반 시즈오카(Side-A)와 도쿄(Side-B)를 배경으로, '마유'와 '스즈키'의 연애는 카세트 테이프의 A, B면처럼 전환된다. 순정 멜로처럼 시작한 이야기는 면이 바뀌는 순간, 관객이 믿어온 모든 것을 뒤집는다. Side-A의 설렘과 약속, Side-B의 흔들림과 유혹은 '변화는 배신인가, 아니면 성장인가'라는 질문을 던진다.

결국 이 영화가 주목하는 건 사람의 선악이 아니라, 상황이 달라지면 기억의 의미도 달라지는 '기억의 가변성'이다. 1980년대의 아이템과 히트곡들이 유쾌한 질감을 더하지만, 영화가 남기는 여운은 한 줄로 요약된다. 면이 바뀌면, 이야기의

감독 : 쓰쓰미 유키히코
주연 : 마에다 아쓰코, 마쓰다 쇼타
개봉 : 2015년
장르 : 로맨스, 미스터리
원작 : 이누이 구루미 소설 『이니시에이션 러브』
OTT : TVING, WATCHA

©2015 乾くるみ/「イニシエーション・ラブ」 製作委員会

주어도 바뀐다.

마지막 5분, 관객은 자연스레 되감기 버튼을 누르게 된다. 처음부터 다시, 완전히 다른 이야기처럼. 어떠한 스포일러도 없이 이 영화를 만나길 바란다. 반전과 함께 깜찍하고도 발칙한 웃음이 새어 나오는 작품이다.

まるでカセットテープが
A面からB面に変わったかのように
僕の新たな人生が始まったんだ。

まるで 마치 | カセットテープ 카세트테이프

変(か)わる 바뀌다, 변하다 | ~のように ~처럼, ~같이

마치 카세트테이프가

A면에서 B면으로 넘어가듯

나의 새로운 인생이 시작된 거야.

新(あら)ただ 새롭다 | 人生(じんせい) 인생

始(はじ)まる 시작되다

어느 가족

万引き家族

도쿄의 변두리, 허름한 집에서 살아가는 오사무와 노부요 부부, 그리고 함께 모여 사는 가족들. 이들의 생계는 할머니의 연금과 가끔의 '좀도둑질'로 유지된다. 어느 날, 추위에 떨던 소녀를 데려오면서 이 가족의 균열은 시작된다.

납치 혐의로 취조실에 끌려간 오사무가 '버린 게 아니라 주운 것'이라 말하는 장면은, 진짜 아이를 버린 건 누구인지, 그리고 진짜 가족의 책임은 어디에 있는지 묻는다.

사회의 기준에서는 범죄자일지라도, 서로에게는 분명히 따뜻한 울타리였던 사람들. 〈어느 가족〉은 혈연이 아닌 선택으로 이어진 관계가 만들어

감독 : 고레에다 히로카즈
주연 : 릴리 프랭키, 안도 사쿠라, 마쓰오카 마유, 키키 키린,
　　　조 카이리, 사사키 미유
개봉 : 2018년
장르 : 드라마
OTT : Netflix, Wavve

© 2018 フジテレビジョン ギャガ AOI Pro.

내는 다양한 행복의 형태를 보여주는 영화이다. 2018년 칸 영화제에서 최고상인 황금종려상을 수상하며 전 세계적으로 찬사를 받았다.

捨てたんじゃないんです。
誰かが捨てたのを拾ったんです。
捨てた人っていうのは
他にいるんじゃないですか？

捨(す)てる 버리다 | ~じゃない ~가/이 아니다

誰(だれ)か 누군가 | 拾(ひろ)う 줍다 | 他(ほか)に 따로, 이외에

버린 게 아니에요..

누군가가 버린 걸 주운 거예요..

버린 사람은

따로 있는 기 아닌가요?

허니와 클로버

ハチミツとクローバー

미대라는 작은 우주 속에서 다섯 청춘의 짝사랑·재능·꿈 찾기가 얽히고 흐른다. 천부적인 재능을 가진 하구미를 중심으로 다케모토, 마야마, 야마다, 모리타가 등장한다. 봄바람에 흩날리는 벚꽃을 배경으로 하구미에게 첫눈에 빠진 순간, 다케모토는 직감한다. 사랑은 '하는' 것이 아니라, '스며드는' 것이란 걸. 그러나 서로를 향한 감정은 어긋나고, 각자의 길은 다른 계절로 흘러간다. 작업실의 밤, 식탁에서 나눈 농담, 교정의 햇살 같은 사소한 순간들이 그들의 청춘을 조용히 채울 뿐이다.

사랑은 이루어지지 않을 수도 있고, 재능은 기

감독: 다카타 마사히로
주연: 아오이 유우, 사쿠라이 쇼, 카세 료, 세키 메구미, 이세야 유스케
개봉: 2006년
장르: 청춘, 로맨스, 드라마
원작: 우미노 지카 만화『허니와 클로버』
OTT: Coupang Play, Netflix, TVING, WATCHA, Wavve
©2006「ハチミツとクローバー」フィルムパートナーズ

 쁨이면서 상처가 되기도 한다. 그럼에도 세계는 여전히 눈부시다. 청춘의 한 장면을 맑게 포착한 영화로, 사랑과 우정, 그리고 성장에 목마른 모든 이에게 추천한다.

人が恋に落ちる瞬間を
初めて見てしまった。
僕は、この日のこと、
この日から始まったことの全てを
決して忘れないだろう。

恋(こい)に落(お)ちる 사랑에 빠지다｜瞬間(しゅんかん) 순간

初(はじ)めて 처음으로｜見(み)る 보다｜~から ~부터

사람이 사랑에 빠지는 순간을

처음으로 보고 말았다.

나는 그날의 일을,

그날로부터 시작된 모든 것을

결코 잊지 못할 것이다.

始(はじ)まる 시작되다 | 全(すべ)て 전부 | 決(けっ)して 결코

忘(わす)れる 잊다 | ~だろう ~ 것이다, ~겠지

1리터의 눈물

고등학교 입학을 앞둔 평범한 소녀 아야는 어느 날 갑작스레 걸음이 꼬이고, 손이 말을 듣지 않는 이상한 증상을 느낀다. 결국 그녀는 '척수소뇌변성증'이라는 난치병 진단을 받는다. 병은 점점 진행되어, 걷고 말하고 쓰는 일까지 하나씩 빼앗아 간다. 하지만 아야는 매일의 감정과 생각을 일기로 남기며 '오늘도 나는 살아 있다'는 사실을 스스로 새긴다.

곁을 지키는 가족, 친구, 선생님 그리고 첫사랑. 그 모든 관계가 조금씩 모양을 바꿔가는 동안, 그녀는 끝내 '살아가는 의미'를 잃지 않는다. 이 드라마는 투병기라기보다 살아 있음에 대한 이야기

각본: 에가시라 미치루, 오시마 사토미, 요코타 리에
주연: 사와지리 에리카
방영: 2005년
장르: 드라마
원작: 기토 아야 에세이 『1리터의 눈물』
OTT: TVING, WATCHA, Wavve
©木藤亜也/幻冬舎 ©フジテレビ/共同テレビ

이다. 실화 기반인 이 작품을 보기 위해서는, 제목 그대로 '1리터의 눈물'을 준비해야 할지도 모른다.

우리는 살아가며 수많은 어려움에 부딪히지만, 식물이 제자리를 떠나지 않고 계절을 견디듯 우리 역시 각자의 자리에서 버티고, 다시 피어나고, 또 한 걸음을 내딛는다. 삶의 의미를 잊고 싶지 않을 때, 강해지고 싶은 순간에 떠올리게 되는 드라마. 지금은 힘들더라도 언젠가 반드시 '꽃이 피는 순간'을 맞이할 수 있다는 믿음을 품게 하는 작품이다.

植物って、すごいね。
雨が降っても踏みつけられても、
その場でじっと耐えて
花咲かすんだよね。
私もそんな風に強くなれたらな。

植物(しょくぶつ) 식물 | すごい 굉장하다 | 雨(あめ) 비

降(ふ)る 내리다 | 踏(ふ)みつける 짓밟다 | その場(ば) ユ 자리

식물은 정말 대단해.

비가 와도 밟혀도,

그 자리에서 견디며

결국 꽃을 피우잖아.

나도 그렇게 강해질 수 있다면 좋을 텐데.

じっと 가만히, 꾹 | 耐(た)える 견디다, 참다

花(はな)を咲(さ)かせる 꽃을 피우다 | 強(つよ)い 강하다, 세다

白夜ってさ、奪われた夜なのかな、
与えられた昼なのかな。
夜を昼だと見せかける太陽は、
悪意なのか善意なのか。

중급 코스

깊이 있는 이해가 필요한 명대사를

읽고 따라 쓰며

일본어 감각을 흡수합니다

플랜 75

고령화 문제의 해법으로 국가가 내놓은 'PLAN 75' 제도. 75세 이상 고령자에게 죽음을 선택할 권리를 부여한다는 이 제도 앞에서 사람들은 저마다 다른 방식으로 흔들린다. 가족도 일자리도 잃고 삶의 이유를 놓아버린 듯한 노인들과, 그들을 돕는다는 명목으로 죽음을 관리해야 하는 젊은 세대.

PLAN 75 제도의 광고 속 문구 "태어날 때는 선택할 수 없으니, 적어도 죽을 때 만큼은 스스로 선택할 수 있다면 좋지 않을까"는 매혹적이면서도 섬뜩하다. 무섭지만 가까운 미래 같기도 한 PLAN 75 제도를 둘러싼 이 영화는 저출생·고령화 문제

감독: 하야카와 지에
주연: 바이쇼 지에코, 이소무라 하야토
개봉: 2022년
장르: SF, 드라마
OTT: Coupang Play

©2022 『PLAN 75』製作委員会/Urban Factory/Fusee

에 직면한 우리 사회에도 질문을 남긴다. 이 제도는 정말 인간의 존엄을 지켜주는가, 아니면 사회가 불편한 존재를 교묘하게 배제하는 장치일 뿐인가. '살아간다는 것'의 본질을 고민하게 만드는 문제작.

人間はね、生まれてくる時は選べないから、もう死ぬ時くらいは自分で選べることができたらいいだろうなぁと思って。

人間(にんげん) 인간 ｜ 生(う)まれる 태어나다 ｜ 時(とき) 때

選(えら)ぶ 선택하다 ｜ 死(し)ぬ 죽다 ｜ ～くらい ～만큼, ～정도

自分(じぶん)で 스스로 ｜ ～ができる ～할수 있다

인간은 태어날 때는 선택할 수 없으니, 적어도

죽을 때만큼은 스스로 선택할 수 있다면 좋지

않을까 하고 생각했어.

195

いいだろう 좋을 것이다

~と思(おも)う ~라고 생각하다, ~인 것 같다

사랑하는 약혼자를 산에서 잃은 히로코는, 약혼자를 잊지 못하고 그의 중학교 졸업 앨범에서 찾은 오타루의 주소로 편지를 보낸다. 그러나 놀랍게도 답장이 도착하고, 그곳에는 약혼자와 똑같은 이름을 가진 또 다른 '후지이 이츠키'가 살고 있었다. 두 사람은 편지를 주고받으며, 과거의 기억과 감정을 다시금 마주하게 된다.

감독 : 이와이 슌지
주연 : 나카야마 미호
개봉 : 1995년
장르 : 로맨스, 드라마
OTT : WATCHA
ⓒ フジテレビジョン

197 　　히로코가 편지에 추신으로 남긴 문장을 읽고, 또 다른 후지이 이츠키는 잊고 있던 기억 속 후지이 이츠키의 진심을 깨닫게 된다. 눈 덮인 오타루의 아름다운 설경과 나카야마 미호의 1인 2역이 오래 기억에 남는 작품이다.

追伸、あの図書カードの名前、
本当に彼の名前なんでしょうか。
彼が書いていたのが、あなたの名
前のような気がしてしかたがない
のです。

追伸(ついしん) 추신 | 図書(としょ)カード 도서 카드

名前(なまえ) 이름 | 本当(ほんとう)に 정말

추신, 그 도서 카드에 있는 이름,

정말 그의 이름이 맞을까요?

그가 적은 것이 당신의 이름인 것만 같아서요.

彼(かれ) 그, 그이 | 書(か)く 쓰다

~のような気(き)がする ~인 것 같다, ~처럼 느껴지다

하나와 앨리스

花とアリス

같은 발레 학원에 다니는 하나와 앨리스. 호기심 많은 두 소녀는 우연히 알게 된 남학생 미야모토를 뒤쫓다가, 하나가 그에게 첫눈에 반한다. 어느 날 미야모토는 머리를 부딪혀 잠시 기절하고, 혼란스러워하는 그에게 하나는 자신이 여자 친구라는 거짓말을 한다. 이 소동에 앨리스까지 휘말리며, 세 사람의 관계는 질투와 연민, 호의와 오해가 뒤섞이게 된다. 축제, 발레 연습실, 바닷가를 지나며, 세 사람은 각자의 방식으로 첫사랑과 우정의 경계를 배워간다.

〈하나와 앨리스〉는 낡은 교실의 빛, 발레 슈즈 끝의 떨림, 라쿠고(만담) 무대의 숨 고르기처럼 사

감독: 이와이 슌지
주연: 스즈키 안, 아오이 유우, 가쿠 도모히로
개봉: 2004년
장르: 청춘, 드라마, 로맨스, 코미디
OTT: Coupang Play, Netflix, WATCHA, Wavve
©2004 Rockwell Eyes·H&A Project

소한 순간들이 모여 '첫사랑의 기억'이라는 서랍을 만든다. 명대사에 등장하는 '서랍'은 잊기 위한 봉인이 아니라, 기억을 아름답게 보존하는 방법이다. 시간이 흘러도 다시 꺼내 볼 수 있도록, 그 시절의 설렘과 쓸쓸함을 소중히 넣어두는 일.

이와이 슌지 감독은 작은 거짓말이 어떻게 추억으로 변하고, 우정이 어떻게 첫사랑을 견디게 하는지를 잔잔하게 보여준다. 그리고 문득, 이렇게 묻게 된다. 서랍 깊숙한 곳에 넣어 간직해야 하는 추억이 늘어날수록, 우리는 성장하는 걸까?

引き出しの一番奥にしまっといて。
いつか、またそれを見つけたら、
そしたら私のことを思い出して。

引(ひ)き出(だ)し 서랍 | 一番(いちばん) 가장, 제일

奥(おく) 안, 속 | しまう 넣다, 간수하다 | いつか 언젠가

서랍 가장 깊숙한 곳에 넣어둬.

언젠가 다시 그걸 찾게 되면,

그때 나를 떠올려줘.

また 다시, 또 | 見(み)つける 찾다, 발견하다

思(おも)い出(だ)す 떠올리다

나는 내일, 어제의 너와 만난다

교토의 미대생 타카토시는 매일 타는 통학 전철 안에서 한눈에 반한 그녀, 에미와 사랑에 빠진다. 첫 만남, 첫 데이트, 처음으로 잡은 손. 행복한 나날을 보내는 타카토시와 달리 이름을 부르는 순간마다 에미는 이유 모를 눈물을 흘린다.

짧지만 깊은 사랑 속에서 두 사람은 서로의 시간이 어긋난 채 살아가고 있음을 알게 된다. 그들의 하루는 누군가의 어제로, 누군가의 내일로 이어져 있다. 그러나 교토의 고요한 거리와 따스한 햇살 아래, 그 '엇갈림'은 단절이 아니라 두 사람만의 순환으로 완성된다.

"우리는 엇갈린 게 아니야. 양 끝을 묶은 하나

감독: 미키 다카히로
주연: 후쿠시 소타, 고마쓰 나나
개봉: 2016년
장르: 로맨스, 판타지, 드라마
원작: 나나쓰키 다카후미 소설『나는 내일, 어제의 너와 만난다』
OTT: Netflix, TVING, WATCHA, Wavve
© 2016「ぼくは明日、昨日のきみとデートする」製作委員会

의 고리처럼, 결국 하나로 이어져 있어"라는 대사는 타카토시의 고백이자, 영화의 메시지를 대변하는 문장이다. 사랑이란 결국 같은 시간에 머무는 일이 아니라, 서로 다른 시간을 통과하며 하나의 원을 그리는 일임을.

ぼくたちはすれ違ってない。
端と端を結んだ輪になって、
ひとつにつながってるんだ。

すれ違(ちが)う 엇갈리다 ｜ 端(はし) 끝 ｜ 結(むす)ぶ 묶다, 잇다

輪(わ) 고리 ｜ 繋(つな)がる 이어지다

우리는 엇갈린 게 아니야.

양 끝을 묶은 하나의 고리처럼,

하나로 이어져 있어.

세 번째 살인

三度目の殺人

전과가 있는 용의자 미스미가 자신이 일하다 해고된 공장의 사장을 살해·방화했다고 자백한다. 성공률 높은 감형 전략으로 사건을 끝내려던 변호사 시게모리는, 접견을 거듭할수록 피고의 진술이 매번 달라지는 데서 설명할 수 없는 어긋남을 감지한다. 피해자 가족의 그림자, 잡히지 않는 동기, 서로 모순되는 기억들.

법정은 '무엇이 있었는가'보다 '무엇을 인정할 것인가'를 요구한다. 유리 한 장 사이를 두고 마주 앉은 두 사람의 대화가 깊어질수록 시게모리는 처음으로 '진실을 알고 싶다'는 강렬한 욕망을 느끼게 된다.

감독 : 고레에다 히로카즈
주연 : 야쿠쇼 코지, 후쿠야마 마사하루
개봉 : 2017년
장르 : 서스펜스, 드라마
OTT : WATCHA, Wavve

주연을 맡은 두 배우, 야쿠쇼 코지와 후쿠야마 마사하루의 숨 막히는 대화는 '무엇이 진실인가'라는 미궁 속으로 관객을 끌어들인다. 진실이 아닌 '정합성'으로 판결이 내려지는 법정, 그 안에서 우리는 누구의 입을 믿고, 누구의 죄를 단정할 수 있을까.

ここでは、
誰も本当のことを話さない。
誰を裁くかは、誰が決めるんですか。

ここ 여기, 이곳 | 誰(だれ)も 누구도, 아무도

本当(ほんとう)のこと 진실 | 話(はな)す 말하다

裁(さば)く 심판하다 | 決(き)める 결정하다

여기서는,

누구도 진실을 이야기하지 않아.

누구를 심판할지는, 누가 결정하나요?

도쿄타워
東京タワー

　무책임한 아버지의 부재 속에서 어머니의 헌신적인 사랑을 받으며 자란 소년이 있다. 꿈을 좇아 도쿄로 상경하던 날, 자신의 이야기는 단 한 줄도 없이 아들을 향한 응원만이 빼곡했던 어머니의 편지. 그 한 장의 편지는, 홀로 아들을 키우며 끝까지 자신을 비우고 살아온 어머니의 사랑을 단적으로 보여준다.

　그러나 주인공은 처음의 포부와 달리 졸업도 못 하고 빚까지 진 채 자신이 그토록 싫어하던 아버지의 모습을 닮아가고 있었다. 방황의 나날 중 어머니의 암 투병 소식을 듣게 되고, 어머니와 도쿄에서 함께 살게 되면서 주인공은 비로소 '가족'

감독 : 마쓰오카 조지
주연 : 오다기리 조, 키키 키린
개봉 : 2007년
장르 : 드라마
원작 : 릴리 프랭키 소설 『도쿄타워』
OTT : Coupang Play, TVING, WATCHA, Wavve
©2007 「東京タワー〜o.b.t.o」製作委員会

이라는 이름의 무게와 따뜻함을 깊이 깨닫게 된다. 화려한 도시에서 흔들리던 그를 지탱해 준 것은 '어머니'의 변함없는 사랑이었다. 담담하면서도 깊은 울림을 전하는 이 영화는, 부모의 사랑과 가족의 의미를 다시금 떠올리게 한다.

その手紙には、自分のことはいっ
さい記さず、ただひたすらにボク
を励ます言葉だけが強く書いてあ
りました。

手紙(てがみ) 편지 | 自分(じぶん) 자신, 자기

一切(いっさい) 일절 | 記(しる)す 적다, 기록하다

ひたすら 오직, 그저 | 励(はげ)ます 응원하다

그 편지에는, 자신의 이야기는 단 한 줄도 없이,

오직 나를 응원하는 말만이 힘차게 적혀 있었습

니다.

言葉(ことば) 말 | ~だけ ~만, ~뿐

強(つよ)い 강하다, 세다 | 書(か)く 쓰다

그래도, 살아간다

それでも、生きてゆく

15년 전 깊은 여름. 일곱 살짜리 소녀가 중학생에게 살해되는 사건이 발생한다. 그 사건은 피해자 가족과 가해자 가족 모두의 삶을 산산이 무너뜨리고, 시간은 그 자리에서 멈춰버린다. 어린 여동생을 잃은 오빠, 그리고 '살인자의 가족'이라는 낙인이 새겨진 또 다른 가족.

피해자의 오빠 히로키와, 살인을 저지른 오빠로 인해 수없이 이사를 다니며 살아온 여동생 후타바는, 결코 만나서는 안 될 사람들이지만, 어느 날 우연처럼 서로의 삶에 발을 들인다.

이 드라마는 '용서'를 말하지 않는다. 그보다 더 어려운 '직면'을 이야기한다. 사건의 진실과, 피해

각본: 사카모토 유지
주연: 나가야마 에이타, 미쓰시마 히카리
방영: 2011년
장르: 범죄, 심리, 드라마
OTT: TVING, WATCHA, Wavve
©フジテレビ

217　자와 가해자라는 이름, 그리고 각자가 짊어진 슬픔까지. 도망치던 마음이 조금씩 현실을 바라볼 때, 비로소 삶의 시간이 다시 흐르기 시작한다.

　지금 떠올리면 '다시 만나고 싶다'고 말하게 되는 사람이 한 명이라도 있다면, 그 마음 자체가, 이미 우리가 계속 살아가도 되는 분명한 이유가 아닐까.

希望って、誰かのことを思う時に
感じるんじゃないかなって。
希望って、誰かに会いたくなること
なんじゃないかなって。

希望（きぼう）희망 | ～って ～라는 것은(～というのは의 구어체)

誰（だれ）か 누군가 | 思（おも）う 생각하다 | 時（とき）때

感（かん）じる 느끼다 | 会（あ）う 만나다

희망이라는 건, 누군가를 떠올릴 때

느끼는 게 아닐까.

희망이라는 건, 누군가를 만나고 싶어지는

마음이 아닐까.

혐오스런 마츠코의 일생

嫌われ松子の一生

교사였던 마츠코는 절도를 저지른 학생을 감싸다 학교에서 쫓겨나고, 가족에게조차 외면당한다. 그 후의 인생은 폭력과 착취, 매춘, 살인과 수감, 그리고 재기의 시도까지 비극적이고도 험난했다.

끝없이 추락하면서도 그녀는 누군가에게 '필요한 사람'이 되고 싶어 했다. 하지만 그 사랑의 갈망은 언제나 세상과 엇갈리고, 결국 마츠코는 외로이 생을 마감한다. 영화는 이 비극을 강한 색감과 과잉된 연출로 감싸 올린다. 천국의 계단과 고향집 2층 계단이 겹치는 마지막 장면은, 그녀의 삶이 결국 '사랑받지 못한 이의 구원 서사'로 완성

감독: 나카시마 데쓰야
주연: 나카타니 미키
개봉: 2006년
장르: 코미디, 드라마, 로맨스
원작: 야마다 무네키 소설 『혐오스런 마츠코의 일생』
OTT: Coupang Play, Netflix, TVING, WATCHA, Wavve
© 2006 「嫌われ松子の一生」製作委員会

됨을 암시한다.

조카 쇼가 고모의 유품을 정리하며 퍼즐을 맞추는 액자 구조 속에서, 영화는 '누군가에게 무엇을 해주었는가'라는 마츠코의 믿음을 조명하는 데 그치지 않고, '착함이 왜 착취당하는가'라는 냉혹한 질문을 던진다. 화려한 색채와 음악은 결코 비극을 미화하지 않는다. 오히려 인정 욕구가 낳은 고립, 그리고 사랑을 구하려다 끝내 파괴되어버린 인간의 슬픈 모습을 보여준다. 그녀는 단지 사랑받고 싶었을 뿐이었다.

人間の価値ってさ、人に何をして
もらったかじゃないよね。人に何
をしてあげたかってことだよね。

人間（にんげん）인간 | 価値（かち）가치

~てもらう（남에게）해 받다 | ~てあげる（남에게）해주다

사람의 가치는, 남에게 무엇을 받았느냐가 아니

라 무엇을 해주었느냐로 정해지는 거잖아.

사람의 가치는, 남에게 무엇을 받았느냐가 아니

라 무엇을 해주었느냐로 정해지는 거잖아.

굿바이 おくりびと

오케스트라 해체로 꿈을 잃은 다이고는 아내와 함께 고향으로 돌아온다. '여행 도우미' 구인 광고를 따라간 곳은, 여행의 끝이자 또 다른 출발을 배웅하는 납관사(염습, 입관, 유가족과의 소통 등을 책임지는 이)를 구하는 회사였다. 차가운 현실과 사람들의 편견 속에서 처음으로 마주한 죽음은 낯설고 두려웠지만, 다이고는 점차 깨닫는다. 한 사람의 몸을 정성스레 씻기고 입히는 그 시간은, 단지 죽음을 다루는 일이 아니라 남겨진 이들의 마음을 위로하는 일임을.

무겁게만 느껴지던 죽음은 어느새 '끝'이 아닌 '이행(移行)'이 된다. 그 문턱을 지나 다음으로 나

감독: 다키타 요지로
주연: 모토키 마사히로, 히로스에 료코, 야마자키 쓰토무
개봉: 2008년
장르: 드라마
OTT: Apple TV
© 2008 映画「おくりびと」製作委員会

아가는 존재를 배웅하며, 다이고는 자신만의 작별 방식을 배워간다. 영화는 납관사의 섬세한 손끝과 첼로 선율을 따라, 삶과 죽음의 경계가 온기로 이어지는 순간을 포착한다.

죽음의 자리를 따뜻한 손길로 감싸는 사람들, 그들의 조용한 예식을 바라보노라면 조용한 위로가 찾아온다.

死は門だなって。
死ぬっていうことは
終わりっていうことでなくて、
そこをくぐり抜けて次へ向かう。

死（し）죽음 | 門（もん）문 | 死（し）ぬ 죽다

っていう ~라고 하는(という의 구어체) | 終（お）わり 끝

죽음은 '문'이구나.

죽는다는 건

끝이 아니라,

그 문을 지나 다음으로 나아가는 일.

くぐり抜(ぬ)ける 빠져 나가다, 헤어나다 | 次(つぎ) 다음

向(む)かう 향하다

분노 怒り

    도쿄 교외의 조용한 마을에서 부부가 무참히 살해당하고, 현장에는 피로 쓰인 글자 '怒(분노)'가 남겨진다. 범인은 성형으로 얼굴을 바꾼 채 사회에 숨어든다.

    그 후 치바, 도쿄, 오키나와 세 지역에서 정체불명의 남자 세 명을 중심으로 영화가 전개되며, 주변 사람들은 그가 범인이 아닐까 의심하며 갈등한다. 믿음과 불신 사이에서 흔들리는 사람들 속에서, 내가 사랑하는 사람을 믿고 싶으면서도 의심하는 마음을 숨길 수가 없는 인간의 양면성을 잘 포착한 영화이다.

    이상일 감독이 〈악인〉에 이어 요시다 슈이치의

감독: 이상일

주연: 와타나베 겐, 모리야마 미라이, 마쓰야마 겐이치, 아야노 고,
　　　히로세 스즈, 미야자키 아오이, 츠마부키 사토시

개봉: 2016년

장르: 미스터리, 스릴러

원작: 요시다 슈이치 소설 『분노』

OTT: Coupang Play

© 2016 映画「怒り」製作委員会

229　　원작을 영화화한 미스터리 군상극으로, 일본 영
　　　화계의 유명 배우들이 총출동한 것으로도 유명
　　　하다.

お前がどう答えたとしても
それをどう受け取るかは
結局さ、俺次第ってことなんだよな。

お前（まえ）너(남성이 주로 씀) | 答（こた）える 대답하다

~としても ~라고 해도 | 受（う）け取（と）る 받아들이다, 받다

結局（けっきょく）결국 | ~次第（しだい）~에 달려 있음, 나름

네가 뭐라고 대답하든

그걸 어떻게 받아들이는지는

결국 나한테 달려 있단 말이지.

아침이 오면 공허해진다

朝がくるとむなしくなる

　광고 회사를 그만두고 편의점에서 일하는 이이즈카. 달라지는 것 없는 생활 속에서, 중학교 동창 오오토모와의 재회가 작은 균열을 낸다. 고객의 폭언, 끝없이 늘어지는 근무, 집으로 돌아와 편의점 음식으로 때우는 밤들. 영화는 '크게 무너지지도, 극적으로 구원받지도 않는' 하루를 따라가며, 도망과 버팀 사이에서 조금씩 방향을 튼 이이즈카의 마음을 조용히 비춘다.

　감독은 이 작품을 '거창한 사건 대신, 일상의 미세한 통증을 기록한 영화'라 정의한다. 그는 매일 버티는 일은 결코 당연한 게 아니다, 그리고 그 자리에 있느라 내가 망가진다면 도망쳐도 된다는

감독 : 이시바시 유호
주연 : 가라타 에리카, 이모 하루카
개봉 : 2023년
장르 : 드라마
OTT : Coupang Play, Netflix, TVING, WATCHA, Wavve
ⓒIppo

233 태도를 이야기의 중심에 두었다. 곁의 누군가가 건네는 '괜찮아' 한마디가 얼마나 큰 위로가 될 수 있는지, 이이즈카와 오오토모의 관계를 통해 천천히 보여준다.

하루하루를 살아내는 것만으로도 충분히 대단하다고, 대단한 일을 하지 않아도 있는 그대로의 나로 괜찮다고 다독여 주는 영화.

私もさ、今まで何回も間違ってるの。
それで嫌になったり、傷ついたり。
でもさ、そんな正しくなんて生き
られないよ。みんな。

何回(なんかい) 몇 번, 여러 번

間違(まちが)える 잘못되다, 틀리다 | それで 그래서

嫌(いや)になる 싫어지다 | ~たり ~하기도 하고

나도 그동안 잘못된 선택을 아주 많이 해왔어.

그래서 싫어지기도 하고, 상처도 받았어.

하지만 말이야, 그렇게 완벽하게는 살 수 없잖

아. 누구나.

傷(きず)つく 다치다, 상처 입다

正(ただ)しい 올바르다 ｜ 生(い)きる 살다

헬터 스켈터

ヘルタースケルター

톱스타 리리코는 모든 것이 완벽해 보이지만, 그 빛은 거대한 거짓 위에 서 있다. 전신 성형의 후유증이 몸을 잠식하고, 스캔들과 후배 모델의 부상, 무너져 가는 관계가 그녀를 압박한다. 화려한 조명 뒤, 리리코는 '젊음=아름다움'이라는 신화를 스스로 부수며 정상에서 추락과 각성을 경험한다.

감독 : 니나가와 미카
주연 : 사와지리 에리카
개봉 : 2012년
장르 : 스릴러, 드라마
원작 : 오카자키 교코 만화 『헬터 스켈터』
OTT : Coupang Play, Netflix, TVING, WATCHA, Wavve
©2012 映画『ヘルタースケルター』製作委員会 ©岡崎京子／祥伝社

영화는 그녀가 끝내 마주하는 진짜 '미(美)'의 얼굴을, 니나가와 미카 감독 특유의 강렬한 색채와 시각적 연출로 밀어붙인다. 우리는 그 속에서 현대 사회가 집착하는 외모 지상주의를 발견하지만, 동시에 모든 것을 품는 아름다움의 깊이를 다시 생각하게 된다.

若さは美しいけれど、
美しさは若さじゃないよ。
美はもっと深くて複雑で、
あらゆるものを豊かに含んでいる。

若(わか)さ 젊음 | 美(うつく)しい 아름답다 | ~けれど ~지만

美(うつく)しさ 미, 아름다움 | もっと 더, 더욱

深(ふか)い 깊다 | 複雑(ふくざつ)だ 복잡하다

젊음은 아름답지만,

아름다움은 젊음이 아니야.

아름다움은 더 깊고 더 복잡해서,

모든 것을 풍요롭게 끌어안지.

あらゆる 모든, 일체 | 豊(ゆた)かに 풍요롭게, 넉넉하게

含(ふく)む 품다, 포함하다

룩백 ルックバック

초등학교 학급 신문에 네 컷 만화를 그리며 자신의 그림 실력에 확신을 갖고 있던 후지노. 어느 날, 학교에도 나오지 않는 동급생 '쿄모토'의 만화가 같은 지면에 실리고, 모든 것이 뒤집힌다. 압도적인 실력 차이, 친구들의 태도, 그리고 스스로에 대한 혐오. 후지노는 악착같이 그림을 그리지만, 끝내 쿄모토를 따라잡지 못했다고 느끼고 펜을 놓아버린다.

그러나 졸업식 날, 처음으로 마주한 쿄모토는 후지노에게 이렇게 말한다. "나, 계속 팬이었어." 그 한마디를 시작으로, 두 사람은 '후지노 쿄'라는 이름으로 함께 만화를 그려나간다. 서로의 부족

감독: 오시야마 기요타카
개봉: 2024년
장르: 애니메이션, 드라마
원작: 후지모토 다쓰키 만화 『룩백』
OTT: Amazon Prime Video
©藤本タツキ/集英社 ©2024「ルックバック」製作委員会

241　함을 메우며 한 컷, 한 페이지씩 인생을 쌓아가던 어느 날, 모든 것을 산산조각 내버리는 사건이 찾아온다.

　밤새워 꿈을 이야기하고, 서로를 향해 선명하게 빛나던 시절과 친구를 떠올리게 만드는 작품. 어느샌가 멀어져 버렸지만 서로를 보며 자랐고, 서로의 세계를 넓혀준 그런 존재가 우리 모두에게 있지 않은가.

私、人が怖くなって、学校に行け
なくなっちゃったから。でも、今
日はすごくすごく楽しかった。藤
野ちゃん、部屋から出してくれて
ありがとう。

人（ひと）사람 ｜ 怖（こわ）い 무섭다 ｜ 学校（がっこう）학교

行（い）く 가다 ｜ でも 그래도 ｜ 今日（きょう）오늘

すごく 정말, 매우 ｜ 楽（たの）しい 즐겁다 ｜ 部屋（へや）방

나, 사람이 무서워져서 학교에 못 가게 됐거든.

그래도 오늘은 정말 정말 즐거웠어. 후지노, 나

를 방에서 꺼내줘서 고마워.

出(だ)す 꺼내다 | ~てくれる (나에게) 해주다

ありがとう 고마워

라쇼몽 羅生門

비 내리는 라쇼몽 성문 아래, 나무꾼과 승려, 하인이 하나의 살인 사건을 각기 다른 증언으로 되짚는다. 모두가 체면과 욕망에 맞춰 '자기에게 유리한 이야기'를 만들어내며, 진상은 끝내 덤불 속에 남는다. 그러나 버려진 아기를 품에 안고 떠나는 나무꾼의 선택이 마지막에 인간에 대한 신뢰를 남긴다.

이 영화의 문법은 진실을 밝히는 탐정극이 아니라, 인간의 내면을 해부하는 심리극이다. 촬영 감독을 맡은 미야가와 가즈오의 강렬한 흑백 대비, 태양을 정면으로 포착한 과감한 시도, 숲의 그림자와 빛이 교차하는 프레임 속에서 인간의 이

감독: 구로사와 아키라
주연: 미후네 도시로, 교 마치코
개봉: 1950년
장르: 시대극, 미스터리, 드라마
원작: 아쿠타가와 류노스케 단편 「라쇼몽」, 「덤불 속」
OTT: WATCHA, Wavve

중성과 자기기만이 생생히 드러난다.

동일한 사건을 인물별 주관으로 재편성하며, 기억·자기기만·체면이 진실을 어떻게 왜곡하는지를 집요하게 파고드는 실험적인 서사 구조는 이후 전 세계의 영화뿐 아니라 심리학, 법학에까지 영향을 미쳐 '라쇼몽 효과'라는 이름으로 불린다. 많은 감독들이 이 작품에서 영감을 받았으며, 지금 다시 봐도 인간의 본질에 대한 통찰이 놀라울 만큼 생생하다. 진실이란 무엇인가. 그리고 인간은 왜 스스로를 속이며 살아가는가. 이 질문을 던지는 고전 중의 고전을 꼭 만나보길 바란다.

人間ってやつは、自分に都合の悪
いことを忘れてしまう。都合のい
い嘘を本当だと思ってやるんだ
よ。そのほうが楽だからな。

人間(にんげん) 인간 | やつ 것, 놈 | 都合(つごう) 사정, 형편

悪(わる)い 나쁘다 | 忘(わす)れる 잊다 | 嘘(うそ) 거짓말, 잘못

本当(ほんとう) 사실, 진실 | 楽(らく) 편안함, 용이함

인간이란 건, 자기한테 불리한 일은 잊고 유리한

거짓을 진짜라고 믿어버리지. 그쪽이 편하니까.

드라이브 마이 카

ドライブ・マイ・カー

아내의 죽음 뒤, 연출가 가후쿠는 히로시마의 연극제를 돕는 일을 하게 된다. 곁에는 묵묵히 운전대를 잡는 전속 드라이버 미사키가 있다. 두 사람은 말보다 오래 남는 침묵과, 서로의 숨소리 사이로 조금씩 자신의 상처를 제대로 바라보는 법을 배운다.

하마구치 류스케 감독은 희곡 「바냐 아저씨」의 다언어 대본 낭독과 수어 등 '말하기, 듣기, 보기'의 층위를 정교하게 얹어, 상실에서 재생으로 건너가는 여정을 빚어낸다.

"난, 제대로 아파했어야 했어"라는 대사는 이전까지의 상황을 외면하려는 가후쿠의 회피와 부

감독: 하마구치 류스케
주연: 니시지마 히데토시, 미우라 도코
개봉: 2021년
장르: 드라마
원작: 무라카미 하루키 단편 「드라이브 마이 카」
OTT: Coupang Play, TVING, WATCHA

©2021『ドライブ・マイ・カー』製作委員会

정 대신, 상처를 정면으로 마주했어야 했다는 자책의 고백이다. 가후쿠와 미사키는 가장 가까운 사람의 죽음 이후 일상을 살아가는 공통점을 가진 인물로, 긴 러닝 타임 동안 자책과 죄책감으로부터 점차 해방되는 모습을 보여준다. 침묵의 드라이브를 통해, 우리도 그 여정에 함께하고 있는 듯한 느낌을 주는 작품이다.

僕は、正しく傷つくべきだった。
本当をやり過ごしてしまった。
僕は、深く傷ついていた。
気も狂わんばかりに。
でも、だから、それを見ないふり
をし続けた。

正(ただ)しく 제대로, 확실히 | 傷(きず)つく 다치다, 상처 입다

~べきだった ~했어야 했다 | やり過(す)ごす 내버려 두다

난, 제대로 아파했어야 했어.

진실을 지나쳐 버렸지.

나는, 깊이 상처받았던 거야.

미쳐버릴 정도로.

그래서 더 계속 못 본 척했어.

深(ふか)い 깊다 | 気(き) 마음, 정신 | 狂(くる)う 미치다

見(み)ないふり 못 본 척, 모른 척 | 続(つづ)ける 계속하다

나미비아의 사막

ナミビアの砂漠

스물한 살인 카나는 '미래를 생각하는 일'이 지루할 뿐이다. 저임금의 일을 무심히 반복하고, 동거 중인 연인 혼다가 살림을 도맡지만, 사랑조차 심심풀이처럼 느껴진다. 그런 주인공 앞에 자기 확신으로 빛나는 크리에이터 하야시가 나타나며 관계는 변하기 시작한다. 혼다의 존재는 점점 짐이 되고, 하야시와의 동거가 시작되지만 카나는 고민에 빠진다. '나는 무엇을 원하는가'라는 가장 단순한 질문 앞에서, 카나는 몸의 충동과 삶의 빈칸 사이를 어지럽게 배회한다. '생각과 행동이 다른 사람이 너무 많다'는 주인공의 말은 타인을 겨눈 고발이자 자기 자신을 향한 고백이다. 원하는

감독 : 야마나카 요코
주연 : 가와이 유미
개봉 : 2024년
장르 : 청춘, 드라마
©2024『ナミビアの砂漠』製作委員会

것을 모른 채 '괜찮은 척' 살아가는 표정들. 그 어긋남이야말로 지금의 젊음이 느끼는 실존적 공포이다. 영화는 도덕의 잣대를 세우기보다, 몸이 먼저 반응하고 마음이 뒤늦게 따라붙는 20대 초반의 리듬을 집요하게 포착한다. 엉성한 보폭과 터무니없이 솔직한 시선들. 감독은 몸과 감정의 불일치를 화면의 호흡으로 번역하며, '어른답게 정답을 고를' 유혹을 유예시킨다.

결국 이 영화의 나미비아는 실제 사막이라기보다, 욕망과 무력감이 공존하는 마음의 풍경에 가깝다. 지금의 혼란을 있는 그대로 껴안는 용기, 그것이 카나가 도달하는 작은 깨달음이다.

やってることと思ってることが違
う人がそこらじゅうにいるって、
めちゃくちゃ怖くないですか？

やってること 실제 행동, 하고 있는 것

思(おも)ってること 속마음, 생각하는 것 | 違(ちが)う 다르다

겉으로 하는 일과 속으로 생각하는 게 다른 사
람이 세상에 이렇게 많다는 거, 정말 섬뜩하지
않나요?

そこらじゅう 여기저기 | めちゃくちゃ 엄청, 매우

怖(こわ)い 무섭다

백만엔걸 스즈코

百万円と苦虫女

스물한 살인 스즈코는 사소한 사건으로 전과자가 되고, 집에서도 동네에서도 '있을 자리'를 잃는다. 그녀가 세운 유일한 규칙은 하나. 백만 엔이 모이면 다른 곳으로 떠난다.

바닷가의 가게에서 빙수를 만들고, 복숭아 농장에서 수확물을 분류하고, 소도시 생활용품 매장에서 화분의 흙을 채우며, 스즈코는 매번 '처음'으로 살아간다. 이름과 과거를 숨길수록, 손끝에 남는 감각들은 더욱 선명해지고, 타인의 다정함과 잔인함은 그만큼 생생하게 다가온다.

그렇게 반복되는 여정의 끝에서, 스즈코가 찾아낸 것은 '어디에서든 자신을 지키는 법' 그리고

감독 : 다나다 유키
주연 : 아오이 유우
개봉 : 2008년
장르 : 드라마
OTT : TVING, WATCHA, Wavve
©2008「百万円と苦虫女」製作委員会

‘다시 시작할 힘’이었다. 가끔, 아무도 나를 모르는 곳에서 처음처럼 숨 쉬고 싶을 때가 있다. 그럴 때 꺼내 보기 좋은 로드 무비.

どこに行っても所在がなくて、
一層、自分のことを知ってる人が
一人もいない中で暮らしてみたいと
思ったことはないですか？

どこ 어디 | 行(い)く 가다 | 所在(しょざい) 거처

一層(いっそう) 차라리, 더욱더 | 知(し)る 알다

暮(く)らす 살다 | ~と思(おも)う ~라고 생각하다

어디를 가도 내 자리가 없어서,

차라리 나를 아는 사람이

아무도 없는 곳에서 살아보고 싶다고

생각한 적 없나요?

사랑은 비가 갠 뒤처럼

恋は雨上がりのように

한때 육상부의 에이스였던 고등학생 아키라는 부상으로 달릴 수 없게 되면서 꿈을 잃는다. 공허한 마음을 품은 채 아르바이트를 시작한 그녀의 시선에 들어온 대상은, 45세의 패밀리 레스토랑 점장 콘도. 이혼 후 글쓰기를 포기한 채 조용히 살아가던 남자는, 열일곱 살 소녀의 순수한 시선 속에서 잊고 있던 열정과 부끄러움을 다시 마주한다. 빗속에서 시작된 두 사람의 교감은, 인생의 서로 다른 계절을 건너온 두 존재가 나누는 따뜻한 우정과 이해의 형태로 그려진다.

'젊음은 때로 잔인하다'는 콘도의 대사는 가벼운 위로나 교훈이 아닌 진정한 '어른의 언어'이다.

감독 : 나가이 아키라
주연 : 고마쓰 나나, 오이즈미 요
개봉 : 2018년
장르 : 로맨스, 청춘, 드라마
원작 : 마유즈키 준 만화 『사랑은 비가 갠 뒤처럼』
OTT : Netflix, TVING, WATCHA, Wavve

상처를 두려워하지 않았던 시간, 감정이 앞서 모든 것을 쏟아부었던 그 시절의 불완전함은, 훗날 삶을 지탱하는 단단한 기억이 된다.

비 내린 뒤 맑아지는 하늘처럼, 아키라와 콘도에게는 다시 시작할 용기가 생긴다. 두 사람은 서로에게 사랑보다 더 소중한 '계절의 선물'을 건넨다. 우리는 지금도 청춘의 기억과 그때의 감정을 선물로 간직한 채 살아가고 있다. 비가 그친 뒤처럼, 조금은 맑은 얼굴로.

若さっていうのは、時に乱暴で凶
暴なものなんだ。それでもその時
に感じた感情というのは、いずれ
かけがえのない財産になる。今は
わからなくても。

若(わか)さ 젊음 | 時(とき)に 때로 | 乱暴(らんぼう)だ 거칠다

凶暴(きょうぼう)だ 흉포하다 | それでも 그래도, 그런데도

感(かん)じる 느끼다 | 感情(かんじょう) 감정 | いずれ 결국

젊음이란 건, 때로 거칠고 잔인한 거야. 그래도

그때 느낀 감정들은 언젠가 너에게 둘도 없는

자산이 될 거야. 지금은 잘 몰라도.

掛(か)け替(が)えのない 바꿀 수 없는, 둘도 없는

財産(ざいさん) 자산, 재산

용의자 X의 헌신

容疑者Xの献身

폭력적인 전남편을 우발적으로 살해한 아내와 딸, 그리고 이웃인 천재 수학자 이시가미. 그는 자신의 논리와 계산으로 그녀들을 지켜내려 한다. 그러나 완벽해 보이던 알리바이의 균열이 드러나면서, 사건은 '문제'가 아닌 '감정'의 영역으로 흘러간다. 수학자 이시가미와 물리학자 유카와, 문제를 만든 자와 문제를 푸는 자. 과거의 친구이자 지금은 서로를 추적하는 두 천재의 대결은, 결국 사랑이라는 이름의 미지수를 향한다.

"아무도 풀 수 없는 문제를 만드는 일과 그 문제를 푸는 일, 둘 중 무엇이 더 어려울까"라는 물음은 이 작품의 구조를 그대로 반영한다. 이시가

감독: 니시타니 히로시
주연: 쓰쓰미 신이치, 후쿠야마 마사하루
개봉: 2008년
장르: 범죄, 스릴러, 미스터리
원작: 히가시노 게이고 소설 『용의자 X의 헌신』
© 2008 フジテレビジョン/アミューズ/S・D・P/FNS27社

265　미는 '문제 자체'를 설계한 존재이다. 그는 증거와 동선, 심리를 정밀하게 배열해 하나의 완벽한 정리를 만든다. 반면 유카와는 그 정리의 '허용 오차'를 찾아내는 검산자이자, 진실이라는 답이 반드시 존재한다고 믿는 과학자이다.

누군가의 거짓이 다른 누군가의 구원이 될 때, 우리는 여전히 진실을 선택해야만 할까? 영화는 말한다. 진실을 밝히는 것이 언제나 정의는 아니다. 진실이 꼭 정답일 필요는 없으며, 때로는 거짓이야말로 누군가를 지켜주는 유일한 해답이 될 수 있다는 것을.

誰にも解けない問題を作るのと、
その問題を解くのとでは
どちらが難しいか。
ただし答えは必ず存在するとする。

解(と)く 풀다 | 問題(もんだい) 문제 | 作(つく)る 만들다

どちら 어느 쪽 | 難(むずか)しい 어렵다 | ただし 단

아무도 풀 수 없는 문제를 만드는 일과

그 문제를 푸는 일,

둘 중 무엇이 더 어려울까.

단, 해답은 반드시 존재한다고 가정하자.

答(こた)え 해답, 대답 | 必(かなら)ず 반드시, 꼭

存在(そんざい)する 존재하다 | ～とする ～라고 가정하다

백야 白夜行

어린 시절, 서로를 지키기 위해 각각 아버지와 어머니를 죽음으로 내몬 소년 료지와 소녀 유키호. 둘은 다시는 공적으로 만나지 않지만, 서로의 존재를 축으로 14년에 걸친 범죄와 거짓의 궤적을 함께 걸어간다. 한쪽이 빛 속에서 사회적 성공을 향해 올라갈수록, 다른 한쪽은 그림자 속으로 더 깊이 내려앉는다.

드라마는 이들의 심리를 직접 설명하기보다, 가족·친구·피해자·형사의 시선을 통해 두 사람이 만들어낸 '백야'를 비춰 보인다. 밤처럼 어두운 과거를 숨기기 위해, 낮처럼 환한 겉모습을 연출하는 삶. 진짜 자신은 끝내 모습을 드러내지 않는다.

각본: 모리시타 요시코
주연: 야마다 다카유키, 아야세 하루카
방영: 2006년
장르: 미스터리, 서스펜스, 드라마
원작: 히가시노 게이고 소설 『백야행』
OTT: TVING, WATCHA, Wavve
©TBS

269 　그들이 빼앗긴 것은 평범한 어린 시절과 아무 죄책감 없이 잠들 수 있는 밤이다. 대신 그들에게 주어진 낮은, 거짓과 침묵 위에 세운 삶이다. 태양 아래에서 함께 걸을 수 없는 둘은, 서로를 위해 오직 어둠 속에서만 나란히 걸어가는 선택을 반복한다. 그 선택들이 끝날 기미 없이 이어질수록, '밤을 낮으로 위장하는 태양'이 과연 구원인지, 아니면 모든 것을 서서히 태워버리는 악의인지 혼란스러워진다.

白夜ってさ、奪われた夜なのかな、
与えられた昼なのかな。
夜を昼だと見せかける太陽は、
悪意なのか善意なのか。

白夜(びゃくや) 백야 | 奪(うば)う 빼앗다 | 夜(よる) 밤

与(あた)える 주다 | 昼(ひる) 낮

백야라는 건 말이야, 빼앗긴 밤일까,

아니면 주어진 낮일까.

밤을 낮인 척하게 만드는 태양은,

악의일까, 선의일까.

見(み)せかける 가장하다, 꾸미다 | 太陽(たいよう) 태양

悪意(あくい) 악의 | 善意(ぜんい) 선의

부끄럽지만 도움이 된다 도망치는 건

逃げるは恥だが役に立つ

대학원까지 나왔지만 취업난으로 인해 파견직을 전전하다가 결국 '계약 결혼'이라는 형태로 일자리를 찾게 된 미쿠리, 연애도 결혼도 자신 없지만 '프로' 독신으로 살아온 시스템 엔지니어 히라마사. 두 사람은 '고용주와 직원'이라는 관계로 한 집에서 살기 시작하고, 월급·가사 노동·휴가와 같은 현실적인 조건들을 하나하나 협상해 나간다. 서류상으로만 부부이지만, 같은 지붕 아래에서 함께 밥을 먹고, 일상을 나누고, 때때로 서로의 마음에 상처를 내면서, 조금씩 '관계'라는 것을 다시 배워나간다.

엄청난 히트작으로, 매회 엔딩마다 나온 '코이

각본: 노기 아키코
주연: 아라가키 유이, 호시노 겐
방영: 2016년
장르: 로맨틱 코미디, 드라마
원작: 우미노 쓰나미 만화『도망치는 건 부끄럽지만 도움이 된다』
OTT: Coupang Play, Netflix, TVING, Wavve
©TBS ©海野つなみ/講談社

댄스(恋ダンス)’ 역시 크게 유행하며 일본에서 사회적 붐을 일으켰다. 단지 가볍게 웃기는 드라마를 넘어, 비정규직·고용 불안·가사 노동의 가치·결혼이라는 제도 자체를 어떻게 재구성할 것인가에 대한 논의를 불러일으킨 작품이기도 하다.

회사에서, 관계 속에서, 가족 안에서 각자가 감당해야 했던 ‘부끄러운 도망’의 순간들을 미쿠리와 히라마사의 선택 위에 겹쳐 보게 된다. 도망친 끝에 도착한 곳이 실패가 아니라, 나에게 맞는 거리와 역할을 다시 찾아가는 출발점일 수도 있다는 점이 이 작품의 가장 큰 위로이자 감상 포인트인 것 같다. 우리도 잠깐, 도망쳐도 괜찮지 않을까?

逃げたっていいじゃないですか。
後ろ向きな選択だっていいじゃな
いか。恥ずかしい逃げ方だったと
しても、生き抜くことのほうが大
切で、その点においては異論も反
論も認めない。

逃(に)げる 도망치다

後(うし)ろ向(む)き 등을 돌림, 물러섬, 소극적임

選択(せんたく) 선택 | 恥(は)ずかしい 부끄럽다

도망쳐도 괜찮지 않을까요. 조금 뒤로 물러나는
선택이어도 괜찮잖아요. 부끄러운 도망이었다
고 해도, 살아남는 것이 더 중요하고, 그 점에 있
어서는 이론도 반론도 인정하지 않겠습니다.

~としても ~라고 해도 | 生(い)き抜(ぬ)く 살아남다, 살아나가다

異論(いろん) 이론, 이의 | 反論(はんろん) 반론

認(みと)める 인정하다

죄의 목소리

罪の声

35년 전, 일본을 뒤흔든 기업 협박 사건. 범인은 끝내 밝혀지지 않은 채, '미제 사건'으로 남아 있다. 기자 아쿠츠는 사건 특집 취재를 맡으면서, 협박 테이프에 녹음된 아이 세 명의 목소리에 집요하게 머문다. 사건의 전말보다는 '그 아이들은 지금 어디에서, 어떤 삶을 살고 있을까'라는 질문에 이끌려서.

한편 교토에서 맞춤 양복점을 운영하는 소네는 아버지의 유품에서 오래된 카세트테이프와 노트를 발견한다. 재생 버튼을 누른 순간 들려온 것은 어린 시절 자신의 목소리. 그리고 그것이, 바로 그 미제 사건의 협박 테이프 속 음성과 같은 음성이

감독: 도이 노부히로
주연: 오구리 슌, 호시노 겐
개봉: 2020년
장르: 드라마, 서스펜스, 미스터리
원작: 시오타 다케시 소설 『죄의 목소리』
OTT: Coupang Play, WATCHA, Wavve
©2020 映画「罪の声」製作委員会

라는 사실을 깨닫는 순간, 그의 일상은 금이 가기 시작한다.

실제 사건을 모티브로 한 영화로, 진실을 좇는 과정과 진실이 드러난 이후의 삶을 응시한다. 사건을 파헤치는 일은 언뜻 정의처럼 보이지만, 타인의 삶에 깊숙이 발을 들이는 순간 폭력이 되기도 한다. 그 경계 위에 서 있는 기자 아쿠츠는 남은 이들의 곁에 머물며, 그들의 목소리에 귀 기울이기로 다짐한다. 사건은 과거의 것이지만, 그 목소리들은 현재를 살고 있기에.

他人の人生に踏み込むことが記者
の宿命ならば、私は彼らに寄り添
っていこう。深淵に追いやられた
小さな声に耳を澄ませ文字にして
伝えていこう。

他人（たにん）타인 ｜ 人生（じんせい）인생

踏（ふ）み込（こ）む 발을 들여놓다, 파고들다 ｜ 記者（きしゃ）기자

宿命（しゅくめい）숙명 ｜ 彼（かれ）ら 그들

寄（よ）り添（そ）う 바싹 붙다, 다가가다 ｜ 深淵（しんえん）심연

타인의 삶에 파고드는 것이 기자의 숙명이라면,

나는 그들 곁에 서기로 했다. 심연으로 내몰린

작은 목소리에 귀 기울여 글자로 옮겨 전하겠다.

追(お)いやる 내몰다 | 小(ちい)さな 작은 | 声(こえ) 목소리

耳(みみ)を澄(す)ます 귀를 기울이다 | 文字(もじ) 글자, 문자

伝(つた)える 전하다

엣 더 벤치 アット・ザ・ベンチ

강가의 잔디 한가운데, 어딘가 애매한 자리에 낡은 벤치 하나가 놓여 있다. 그곳엔 매일 다른 사람들이 잠시 머문다. 오래된 사이인 사람들이 다시 마주 앉기도 하고, 관계의 끝을 정리하러 오기도 한다. 하늘로 떠난 엄마의 흔적을 찾는 자매가 있고, 벤치를 없애려는 '어른들의 회의'도 열린다. 하나의 벤치를 무대로, 오늘을 사는 사람들의 사소한 대화와 감정을 모아 엮은 옴니버스 영화.

오쿠야마 요시유키 감독은 변해가는 도쿄의 풍경 속에서, 끝내 자리를 지키고 있는 이 벤치를 '지금 남기지 않으면 사라질 것 같은 존재'로 바라본다. 그래서 이 영화는 거창한 사건 대신, 사라지

감독: 오쿠야마 요시유키
주연: 히로세 스즈, 나카노 타이가
개봉: 2024년
장르: 드라마, 옴니버스
OTT: Coupang Play, WATCHA, Wavve
©2024 Yoshiyuki Okuyama/Spoon

기 직전의 감정과 말들을 붙잡는다.

　이미 지나가고 있는 것, 다시 돌아갈 수 없는 기억들이 떠오를 때, 잠시 멈춰 앉아 감상했으면 하는 작품이다.

気づいたら変わっちゃってる好き
な場所とかって、気づいた時には
もう手遅れっていうか、もっと行
っておけばよかったなとか思うこ
と多くて。だから、このベンチも
誰かにとっては大切だったりする
んじゃないかなって。

気(き)づく 깨닫다 | 変(か)わる 바뀌다, 변하다

好(すき)だ 좋아하다 | 場所(ばしょ) 장소

手遅(ておく)れ 때를 놓침, 때늦음

좋아하던 장소는 어느새 바뀌어 버리곤 해요.

깨달았을 땐 이미 늦어서, '더 자주 와둘걸' 하고

후회할 때가 많고요. 그래서 이 벤치도, 누군가

에겐 소중한 자리였을 것 같아요.

もっと 더, 더욱 │ 多(おお)い 많다 │ ベンチ 벤치

大切(たいせつ)だ 소중하다, 중요하다

그림처럼 완벽해 보였던 한 가족이 잔혹하게 살해당하고, 사건은 일 년이 지나도록 미궁에 빠져 있다. 사건의 진실을 좇는 기자는 주변 인물들을 차례로 인터뷰하며 그들에게서 질투, 욕망, 허영과 위선이 드러나는 순간들을 마주한다. 영화를 따라가다 보면 누가 피해자이고 누가 가해자인지 그 경계조차 모호해진다.

감독 : 이시카와 케이
주연 : 츠마부키 사토시, 미쓰시마 히카리
개봉 : 2017년
장르 : 미스터리, 서스펜스, 스릴러
원작 : 누쿠이 도쿠로 소설 『우행록』
OTT : Wavve

285   우행(愚行)은 거창한 악행이 아니라, 남의 삶을 쉽게 단정하는 말, 불명확한 소문을 사실처럼 퍼뜨리는 태도에서 시작된다. 그리고 그 '작은 재단'들이 쌓여, 결국 누군가의 희망을 산산이 부숴버린다. 나는 무심코, 혹은 일부러, 누군가의 희망을 꺾은 적은 없었을까. 인간의 본성과 추악함을 날카롭게 드러내는 영화로, 우리는 영화 속 인물들과 얼마나 다른지 자문하게 된다.

世の中、平等にできているなん
て、一度も思ったことありません
けど、誰だって希望ぐらい持った
っていいじゃないですか。その希
望さえも打ち砕く、悪魔みたいな
生き物がこの世にはいるんです。

世(よ)の中(なか) 세상 | 平等(びょうどう)に 평등하게

できる 이루어지다 | 一度(いちど)も 한 번도

誰(だれ)だって 누구나 | 希望(きぼう) 희망

세상이 공평하다고는 단 한 번도 생각해 본 적
없지만, 누구나 희망 정도는 품어도 되는 거잖
아요. 그 희망마저 짓밟아 버리는, 악마 같은 존
재가 이 세상에는 있어요.

持(も)つ 품다, 가지다 | 打(う)ち砕(くだ)く 짓밟다, 쳐부수다

悪魔(あくま) 악마 | -みたい ~같다 | 生(い)き物(もの) 생물

체인지

CHANGE

정치에는 관심이라곤 없던 평범한 초등학교 교사, 아사쿠라 케이타. 국회의원이었던 아버지와 비서인 형이 사고로 사망하자, 주변에 떠밀려 억지로 선거에 나섰다가 '최연소 총리' 자리까지 오르게 된다. 국민의 눈높이에서 부패한 정치를 바꾸려는 케이타의 열정과 노력은 현실 정치의 벽에 번번이 부딪히게 되는데….

이 드라마는 일본 유학을 준비하던 시기에 만난 작품으로, 국적과 인종을 떠나 '국민을 이렇게까지 진심으로 생각하는 정치인이 실제로 존재한다면 얼마나 좋을까'라는 상상을 보는 내내 했었다. 덕분에 국제 정치에도 관심을 갖게 되었다.

각본: 후쿠다 야스시
주연: 기무라 타쿠야
방영: 2008년
장르: 정치, 드라마
OTT: WATCHA, Wavve
©フジテレビ

최종화에서 케이타가 20여 분에 걸쳐 자신의 정치 철학을 전하며 지지를 호소하는 대국민 연설 장면은 드라마의 하이라이트라 할 만하다. '정치를 바꾸는 건 어쩌면 당신일지도 모른다'는 대사가 유난히 기억에 남는 작품이다.

みなさんには、本当の、本物の政治
家を選ぶ権利と義務があるんです。
私利私欲に走らず、約束を守り、
国民と同じ目線になって動ける、
働ける政治家、それを国会に送り
出せるのは、みなさんなんです。

本物(ほんもの) 진짜 | 政治家(せいじか) 정치인

選(えら)ぶ 선택하다 | 権利(けんり) 권리 | 義務(ぎむ) 의무

私利私欲(しりしよく) 사리사욕 | 走(はし)る 치우치다, 달리다

約束(やくそく) 약속 | 守(まも)る 지키다

여러분에게는 진짜 정치인을 선택할 권리와 의
무가 있습니다. 사리사욕에 치우치지 않고, 약
속을 지키며, 국민과 같은 눈높이에서 움직이고
일할 수 있는 정치인을 국회로 내보낼 수 있는
사람은, 여러분입니다.

国民(こくみん) 국민

同(おな)じ 目線(めせん) 같은 눈높이, 같은 시선

動(うご)く 움직이다 | 働(はたら)く 일하다

国会(こっかい) 국회 | 送(おく)り 出(だ)す 내보내다

그렇게 아버지가 된다

そして父になる

도쿄의 재개발 프로젝트를 이끄는 엘리트 건축가 료타는, 아내 미도리, 여섯 살 아들 케이타와 '흠잡을 데 없는' 행복한 가정을 꾸리고 있다고 믿는다. 어느 날, 케이타가 태어난 지방 병원에서 신생아가 뒤바뀌었다는 연락을 받으면서, 그의 인생은 갑자기 뒤틀린다.

군마에서 작은 전파상을 운영하며 세 아이를 키우는 유다이와 유카리 부부, 그리고 그 집에서 자라온 친아들 류세이. 서로의 집에서 아이들을 번갈아 재우는 미션을 반복하는 동안, 두 가족은 '피'와 '함께한 시간' 중 어느 쪽이 진짜 부모를 결정하는가, 라는 잔인한 질문 앞에 선다.

감독: 고레에다 히로카즈
주연: 후쿠야마 마사하루, 오노 마치코, 릴리 프랭키, 마키 요코, 니노미야
　　　케이타, 황쇼겐
개봉: 2013년
장르: 드라마
OTT: Netflix, Wavve
©2013「そして父になる」製作委員会

'가족'이라는 무적의 단어에 우리는 그저 기대
어버리고 있는 건 아닐까. 가족의 소중함을 다시
금 생각해 보게 하는 작품이다.

良多: 血のつながってない子供を
今まで通り愛せますか？
ゆかり: 愛せますよ、もちろん。
似てるとか似てないとか、そんな
ことにこだわってるのは、子供と
つながってるっていう実感のない
男だけよ。

血(ち)피 | 繋(つな)がる 이어지다 | 子供(こども)아이

~通(どぉ)り 그대로 | 愛(あい)する 사랑하다 | もちろん 물론

료타: 피가 이어지지 않은 아이를, 지금처럼 똑

같이 사랑할 수 있습니까?

유카리: 사랑할 수 있어요, 물론이죠. 닮았느니,

안 닮았느니 그런 것에 집착하는 건 아이와 이

어져 있지 않은 남자들뿐이에요.

似(に)る 닮다 | 拘(こだわ)る 집착하다, 얽매이다

実感(じっかん) 실감 | 男(おとこ) 남자

일본어 명대사 필사집

© 2026. 김미화

1판 1쇄 **인쇄** 2026년 1월 20일
1판 1쇄 **발행** 2026년 2월 10일

지은이 김미화

발행인 김태웅
책임편집 엄초롱
디자인 STUDIO 보글
마케팅 총괄 김철영
마케팅 서재욱, 오승수
온라인 마케팅 김은진, 신아연
인터넷 관리 김상규
제 작 현대순
총 무 윤선미, 안서현, 박혜림
관 리 김훈희, 이국희, 김승훈, 최국호

발행처 (주)동양북스
등 록 제2014-000055호
주 소 서울시 마포구 동교로22길 14 (04030)
구입 문의 전화 (02)337-1737 팩스 (02)334-6624
내용 문의 전화 (02)337-1739 이메일 dymg98@naver.com

ISBN 979-11-7210-168-8 03730